编委会

总 策 划：黄　莉

执行策划：罗晓群　贾　艳

编　　委：韦　正　施文博　王书林

　　　　　王思渝　罗晓群　贾　艳

试翼集

少年说良渚

良渚博物院（良渚研究院） 编著

浙江人民出版社

北京大学 2019 年中学生考古暑期课堂开课仪式

开课仪式上，同学们听得好认真

聆听方向明先生带来的第一场讲座《良渚与中华文明》

我听我画

谈笑风生

拉小手走进良渚博物院

看！良渚博物院可爱的宣传单

拍下来自五千年的美丽

围观"明星"

参观良渚古城南城墙

参观良渚古城外围水利系统遗址——老虎岭水坝

小组排排站

北京大学 2019 年全国中学生考古暑期课堂合影

写在前面的几句话

　　进入 21 世纪以来，中国考古学取得了蓬勃的发展，为了把考古成果更好地转换为社会共享的资源，并为考古学科培养更多、更好的专业人才，自 2010 年开始，北京大学考古文博学院、北京大学公众考古与艺术中心联合良渚博物院、浙江省文物考古研究所，在良渚举办"北京大学全国中学生考古夏令营"（2016 年改名为"北京大学全国中学生考古暑期课堂"），营员面向全国范围的中学招募，吸引了一批又一批对考古和历史感兴趣的优秀学生。连续 10 届的考古夏令营，不仅是中国公众考古的成功实践案例，也是良渚博物院社会教育活动的重要成果。

　　考古夏令营的举办，在拓展良渚博物院社会教育空间的同时，也深化了博物馆与高校及众多学校之间的合作，是对博物馆知识传播新模式的有益探索；对于宣传良渚文化、浙江历史文化乃至中国五千年文明，都产生了深远的影响。更为可喜的是，大批优秀的同学通过考古夏令营，在深入了解考古学的学科内容之后选择了考古及相关专业。以 2016 年为例，共有 30 余名营员考进北京大学，其中 25 人选择了考古专业。当年的少年营员，如今有的已成为大学考古专业的教师，更多的已成为中国考古博物馆领域的新生力量。

2019 年，正值良渚古城遗址成功列入世界遗产名录之际，来自全国各地优秀的中学生齐聚良渚，在参观考察、田野实践、小组交流等环节都留下了闪亮的"足迹"。我们把这些纯真的文字、图画编辑成册，希望给来过良渚的同学们保留一份美好的少年记忆，也希望激励更多的读者分享自己在面对历史时的所思所想。

这是五千年良渚的回响，也是考古少年的"试翼"。

让我们一起听听少年说良渚吧！

良渚博物院（良渚研究院）　徐天进

2024 年 5 月

目　录

【贰】初荷新声 / 111

◎ 文明絮语 / 113

◎ 大家印象 / 132

良渚漫记

壹

高光之下

少年游历

独家密码

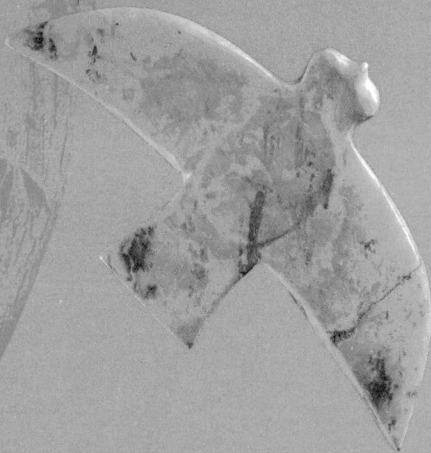

文明的破晓

白　芊（重庆市第八中学校）

五千年的时空流转，村落成了国，符号成了诗，呼唤成了歌。

很荣幸可以在良渚古城遗址"申遗"成功后造访这个具有"实证中华五千年文明"伟大意义的地方。感谢永怀赤诚的学者于喧嚣红尘中的自持、于寂寞时光里的坚守，我才得以求访千年前的世界。苏秉琦曾说过："考古的根本任务在于要对中国文化、文明的起源与发展，中华民族的形成与发展，统一的多民族国家的形成与发展作出正确回答。"与生俱来的好奇心和探索欲驱使着人类发出"人生三问"——我是谁？从哪里来？到哪里去？——旨在立足当下的具体实际，求索来路以看清前路。而作为注重宗法血缘关系的中华民族，甚至连最初的宗教意义上的崇拜都来自祖先神。追本溯源的本能化为了我见到良渚文化遗址第一眼时油然而生的柔软与眷恋。

"申遗"成功无疑是一种鼓舞。这一方面来源于学者俯首无日夜地艰苦奋斗，另一方面来源于良渚文化本身的永恒魅力与时代风采。据说其文化要素辐射大半个中国，北至甘青南至广东。良渚人长期使用过的十节玉琮，后来流落金沙，成为古蜀文化的圣物。良渚也对东亚文明产生了深远影响，以玉器、稻米、祭祀等为特色的东亚文明的繁荣，或许可以说，原创于此。良渚文化不仅仅代表一种器物或技术，更指向原始时期自然的葳蕤与人类的熙攘和谐共生，有着丰富的美学价值和社会学信息，如今更影响到人民精神的充实。

自商代甲骨文始，中国已有"三千年信史"。史书典籍的传承保护令人欣慰，相比于其他文明，或许我们的寻祖之路算得上平坦，但史前文明缺乏实证的通病一直令人困扰。而今，我们终于可以挺直腰杆，如同张国立老师在《国家宝藏》中所说："我们是个年轻的节目，有多年轻呢，也就是上下五千年而已。"何其有幸，何其骄傲。

当站在墓葬边，我心中感慨万千。我仿佛感觉到良渚的先民正从我身旁走过，他们跪拜，他们长号，为他们死去的族人，抑或是王。他们还很渺小，但他们倔强着不肯任自然摆布。宇宙洪荒中，他们怀着高度统一的信仰团结一致，用艰苦奋斗的精神创造奇迹，抵御瞬息万变世界的风雨。

我恍惚间有种错觉，当我看向静默的青山，当我看向独立于稻田中的鹤，或许，良渚的神明一直都在这里。五千年了，"日月忽其不淹兮，春与秋其代序"，它可以是植物春生夏荣秋枯冬眠，可以是候鸟飞去复飞还，它一直用淡然的眼神看着一代代喧嚣又鲜活的人们。它寂静着，它淡然着，它永恒着……

初访良渚有感

刘宸希（江苏省运河中学）

2019 年 7 月 6 日良渚古城遗址"申遗"成功，同年 7 月 9 日，参加北京大学考古暑期课堂的我们来到良渚博物院及良渚古城遗址公园，成为"申遗"成功后接待的第一批游客。即使现在，听到或看到"良渚"，心中仍有微澜——我猜那摇漾的心绪里，有一部分名为"与有荣焉"，另一部分则是"热爱"。

有些东西在余杭的夏天里沉淀。失落的王国，智慧的先民，宏伟的工程，古老的习俗……迷失千年的良渚文化在屏幕上一一浮现。良渚古城遗址公园利用动画形式基本复原良渚遗址风貌，系统介绍了各组成部分。

良渚遗址公园里处处可见复原的茅草房与良渚先民模型。那时微雨淅沥，绿草如茵。

颓圮的城墙历数千年过往：城墙宽而高，上可筑屋住人，士兵、工匠络绎不绝；如今只是沉默。无言的情绪待人去读。

那里头该是感伤：千年国祚一夕断绝，空余断壁残垣任由后世品评。

那里头该是骄傲：良渚的先进与强大远超世界上同时期的其他文明。

那里头该是欣慰：数千年层层沙石掩埋，终于有重见天日的一天，古老的良渚文明再次惊艳世界。

如今古城游人如织，木制栏杆边围满了暑期课堂的同学们，或听导游讲解不时记下重点，或有疑问低声询问老师。我仿佛听见苍老城墙的喟叹。

如今的良渚古城遗址公园里，芙蕖摇曳。遥想千年前是否亦有如此盛景？想良渚之昌盛，必是良田广袤、水流涓涓，民众各司其职，举国安定无忧。此亦尧舜之民乎？甚于尧舜之民也。

在这里，时光以百年、千年记。余杭湿润的空气裹挟着千年尘烟，莫名增添几分厚重。心下肃穆。长长的队伍少有嬉笑，我们与良渚相对无言。

良渚面对年轻的后来者，无须多言，它要做的只是等待，等待前赴后继的来者们的潜心研究，等待尘封的谜底有朝一日被揭开。

我们面对沧桑的良渚，因敬畏而不敢多言。人之寿命，百年而已。在绝对的时间或空间的广大面前，人显得过分渺小。良渚面前、千年光阴面前，个人的悲欢淡去，个体的生命淡去，人类的生命之河绵延流淌，每个人都是这水丝中的一缕，不容彼此分离。

考古少年的良渚寻梦记

张　帅（浙江工业大学附属德清高级中学）

东南形胜，三吴都会，钱塘自古繁华。前有良渚，后有越王。

北京大学考古暑期课堂在良渚开办，于家住德清的我而言，实乃一件大幸事。坐 10 分钟的高铁，再坐 20 来分钟的出租车，便到达了下榻的酒店。下楼领取服装时，又正好遇上了未来几天的室友。因缘际会，共赴佳期，妙不可言。

适逢良渚古城遗址"申遗"成功，可喜可贺。想到即将能在国内顶尖专家学者的带领下探索隐匿于五千年岁月尘埃之下的无限奥秘，我在激动的同时油然生出崇敬之情。怀着一份"朝圣"的庄严心态，于似懂非懂之间瞥见那属于中国考古人的情怀。

"我见青山多妩媚，料青山见我应如是。"考古就像是进行一场跨越岁月长河的对话，在苍茫大地之中，在厚厚黄泥之下，在一铲一斧、一琮一钺之间，抚摸、梳理历史的脉络，既见青山，又见真我。博物院内，在讲解员与老师的带领下，我们坐上思维的时光机，穿梭上千年的云烟雾霭，追溯那个瑰丽的时代；遗址上，清风携细雨，浅草没马蹄，我们近距离地观察那些物化的历史，与曾经沉寂于地底的黄泥共同呼吸。一天的参观学习，让我真真切切地感受到了"伟哉良渚"四个字背后蕴藏着的奥义。那是岚霞掩映下，文明的火光从苍莽山野中迸发，古老的智慧初露战胜原始与野蛮的力量。如果说学者专家们对良渚文明的发掘研究是给中华文明"寻根"的过程，那么行走在古城墙边、穿梭在博物院里的我则是一个从远方归来的游子，用一次次惊叹与赞美表现这位"母亲"的伟大。

在真正的考古现场，我手持手铲，依样画葫芦地学着清理地层黏土，心情分外激动却又时刻注意着动作要格外小心，自以为是正式从考古爱好者迈向考古工作者的第一步，由是将热爱蜕变为一种信仰。

怀着一颗赤子之心，行走在黄土之上，于一挖一刮中得自在，于一瓶一罐中见真章。也许有一天我也能尽我绵薄之力，通过自己的努力工作将那些掩埋于时光之中的事物展现在世人的眼前，让文明的火光更加璀璨。

旧故里风光殊绝

沈家怡（浙江省萧山中学）

当日在良渚古城遗址公园见到了许多白鹭，正是"雪衣公子立芳洲"之景。同行的老师说："这些白鹭是自个儿飞来的。""哪里环境好，就飞到了哪里。"良渚文明便是在这样美好的、协调的环境中呈现给后人。

良渚的古城墙很多都坍圮了，现在人们在原先的倾颓的城墙上种了三叶草。三叶草长得很茂盛，自由又整齐。寻常游客走过，未必晓得底下埋了些什么。五千年物换星移，其间盛衰转捩非一朝可说尽。暴雨侵蚀了泥墙，山风吞吐着故事，五千年，连北极星都偷偷移转了大半个直角，更何况其间人事之变、历史之变。

旧时遗址而今风光殊绝，旧时宫城隐匿在丘陵林木之间，走上莫角山才看见别样景象：远山横卧、自三面环绕；近处，开阔的土地滋养着漠漠水田；再近处，是良渚先民住处的遗迹。黄泥筑起宫殿的台基，平铺的树皮指示出房屋的位置。四下里开阔平坦，再想起上午参观的出土文物，玉琮石钺，仿佛就能看见五千年前这个国家的繁荣。

王陵墓葬被时间尘封。长在地面上的是荒草，埋在地底下的才是历史。寻常游客在良渚古城遗址公园可以看风景，学习考古的人在这儿却不能走马观花。风景都是相似的，只有真切触碰打量了这片土地承载的历史人文，才能晓得这里一土一木、一石一树存在的分量。

一块玉玦便是一处草蛇灰线，穿过浩瀚的时间长河引宕到今天，使后人得以透过历史的风尘狼烟，推想千年前的天地人间。历史是何其厚重的过往，它承载了我们祖祖辈辈无数的血泪悲痛、苦难辉煌。文物和遗迹都是历史的载体，而我们正需要这样的视觉凭证去打量历史，需要这样的物象去感知历史。

我们生活在丰富多彩甚至有些光怪陆离的年代，可在浩瀚的银河中这个时代也只是一个单薄的平面。好在历史赋予了我们存在的分量，挖掘文物、探寻历史的过程，就是一次奔赴我们精神原乡的旅程。东汉思想家王充在《论衡》中写："知古不知今，谓之陆沉；知今不知古，谓之盲瞽。"无论是考古工作还是文化遗址的保护，都不仅仅是在追溯过去。一代代考古人，带着那把朴素不起眼的手铲，用他们拨开历史风尘的睫毛，用他们看透岁月篇章的瞳孔，去叩开历史的大门，让这个深埋地下五千年的古城重见天日。良渚管委会也同样，怀着对人类文明最大的敬意保护着我们的精神原乡，用旧陶器、玉器之间敲出的电光石火来照亮我们的今生今世，照亮这一刻的历史。

那都是一段段令听者热泪盈眶的奋斗史。

良渚清韵

周　滢（浙江省慈溪中学）

　　被阴凉潮湿的风裹挟着，江南特有的蒙蒙细雨，濡湿了裙角，润洗了青荷，如烟般笼着一片欲滴的氤氲翠色。雪白的羽毛生动地起落在湿润的绿中，翻飞着水乡清韵。一切如同一幅湿而淡的水墨画，王摩诘笔下的"漠漠水田飞白鹭"忽焉在前。

　　游览车顺着良渚古城遗址公园内新修的柏油路前行，匀速且稳，几乎不带一丝震颤。然而，风携带着饱满的湿意和一股自然田野间特有的锐意，即便那雨还是江南温柔缠绵的雨，此时也毫不留情地一阵又一阵迎面袭来。我任由风雨洗礼，眼镜片表面挂满了晶莹的水珠。我一开始可被这夏季的凉风吹得够呛，但随着游览车缓缓地行驶，一种别样的风趣油然而生。在这江南水乡的清凉中，身心通透，一车人无言，只是凝视着缓缓而过的风景，与自然不再有距离，恍若天人合一。

水田，白鹭；水坝，山包；城墙，墓葬；玉琮，玉钺……这便是如今的良渚古城。遥远而沉重的远古在风的吹拂中变得轻盈，让人不禁试想脚下的土地曾经的模样。曾经，这里水域广阔，陆地被分割成一块一块，良渚人驾着竹筏，撑一只船篙，来往穿梭于流水之间。尽管五千年过去，沧海桑田，时空滚滚向前，但我此时感受到的扑面而来的清风，也许和千年前并无差别。在莫角山，当鞋底陷入泥泞的土地时，不知遥远的时空中是否会有谁的赤足踏在同一个地方。与自然如此亲密的人类祖先生活的图景，在脑海中被脚下的泥泞勾勒出来，开始逐渐清晰。原来，个人的生命不仅仅处在一条短暂的从受精卵开始分裂最终归于尘土的链条中，还处于一条奔涌的从蓝藻开始的生命演化的洪流中。

　　考古给出的不是一个确切的数字。的确，有很多事情考古无法解释，我们拂去千年前的尘土得到的依旧是面容隐约的过去。但这就宛如水田上浮着的薄纱似的清雾，给这门学科添了几分朦胧美。穿越遥远厚重的时空和远古的人类建立联系，尝试着拨开迷雾，这种如同远古的祖先进行巫术般难言的神秘而醉人的感受，恐怕只存在于考古之中吧。

五千年良渚万古流

张灵捷（安徽省合肥一六八中学）

与往日的晴空万里截然不同，今天的杭州烟雨如丝，薄暮如烟。江南多水，良渚以水贯穿城的东西南北。坐着观光车，看着有五千年历史的良渚古城在烟雨之中，不禁有些恍惚。

小桥流水，一行行白鹭在稻田上盘旋，人在其中更是有一种非凡意境。江南的烟雨，不同于夏日的雷雨倾盆而下，而是丝丝点点，以一种江南独有的柔情，飘在你身上，这烟雨更给庄严的良渚古城增添了一抹柔情。

登上莫角山，整个古城的风光尽收眼底，回首四望，远处的雉山和凤山影影绰绰，仿佛正尽情地伸展它们的风姿。抬头，经历了五千年风雨的天空依旧澄澈；低头，在黄色的土地，五千年前良渚的王就站在这里，看着万人劳作，统领四方。

在良渚这片土地上，感受着先人的心跳，聆听先人的呼吸。在五千年前的新石器时代，良渚先民在这里与恶劣的自然条件作斗争。夏日暴雨后的洪水，冲得毁良渚先民的家园，却冲不垮良渚先民坚信人定胜天的气节。淤泥和着柔韧的草，一座山间水坝拔地而起，代表着先民们的智慧与良渚文化曾经的璀璨。水坝就静静地伫立在那里，默默诉说着良渚先民为了延续生命与文明所付出的努力。

我大口地呼吸着良渚的空气，看着路边或远或近的树木，泛着一抹抹充满生机的翠绿。在这片历史与现实交汇之处，我不仅仅看到了良渚过去，更看到在这片土地上，一代代考古人的不断求索与对良渚遗址的精心保护，他们用汗水浇灌这片大地，以身为炬，照亮着良渚的未来。

　　只有敬畏历史，才能更好地走向未来。探寻良渚是为了让我们知道，我们究竟自何处而来，从何时而来，是为了让我们知道，在历史的星河里，有一颗星竟是如此璀璨；是为了让我们知道吾辈的使命，用我们每个人的力量守护着我们的过去，去开拓我们的未来……

　　一个人，之所以为人，是因为他明事理、辨是非，知道自己从何处而来，懂得感恩自己的父母。一个国家，如果要称之为国家，就必须得有薪火相传的文化。如果一个国家始终不能认清自己的文化，就算国力再强也如水上的浮萍，风雨一来，便散了。

　　我何其有幸能在良渚找到我的根，找到民族与国家的根。长路漫漫，未来可期。

初 见

李嘉慧（河北武邑中学）

　　初见良渚，我知道你有古老的历史，流淌在泥土的每一道褶皱里。听闻，岁月不居，时节如流，可千年的拦水坝上，细纹却依旧留存古人草包泥的智慧。这是你智慧的一面。

　　我知道你有温柔的风姿，纷飞在每一处碧叶红泥中。可故去的时光里，依稀可见的白鹭依然守护着这片粼粼水田，禾苗依然葱郁，陶罐依旧古朴，雕刻依旧精致。这是你青春的一面。

　　我知道你有巍峨的高丘，让人仰望又赞叹。像南十字星，越过赤道抬头便见。星星是冷的，你却有着鲜活的温热、炽热的情感，国王保护百姓，百姓保护家园。这是你鲜活的一面。

从前，五千年前的样子，于我来说，是模糊的概念。那会是炎黄之战的时代吗，还是玄女临凡的世界？你让我真正知道那些神话里的辉煌真的存在，实实在在地存在。它可触可碰，可赞可叹，可谈不倦。

老师的点拨，更让我明白历史不只是年少的我们脑海里美丽的神话与幻想，更有它威严与理性的一面。历史像个多面人，我真想一一掀开它的面纱，却又不舍得将它揭下。

另言，这次旅程，大家都付出了不少：

老师关怀备至，教授不吝赐教，同学们热情提问。我感到由衷的温馨与欢乐。

你看，清冷的雨水挥不去我们的热情。我看到裹着雨衣的同学，满头大汗，依然乐此不疲地拍照留念，写下长长的笔记。我看到鞋子都湿透的老师，依然沉默着向前走去，稳健而坚毅，像极了鲁迅笔下中国的脊梁：未必高大，但必坚强；未必健壮，但可挑担。颇受感动的我也多想做个中国脊梁，如同此时此地，如同此情此景。

转言，在反山看王陵墓葬时，我触摸到良渚的绝代风华。

古代墓葬，一向注重事死如生。

所以我看着坑中帝王依稀的轮廓，和那周边久经风霜虽已凌乱却不掩沉重的玉器，便可以想象，万里长天迎春时，千年前的秋夕，玉玦在依稀月影中泛着点点翠光时，手持玉钺的年轻国王威严地屹立在高台之上，观摩沃野千里，子民安康。我想，国王和我们想的其实也有感人的重合吧，期盼天下太平，河清海晏，霁月光风，日日如斯，生死如斯。

总言，这场相遇，我最爱与历史照面的那一瞬间。人生若只如初见，何事秋风悲画扇。初见，盼着欣赏，盼着下一站的"宝藏"。站在这里，我初初知晓这片土地现在的样子，高楼如春笋，园林如绿波……然后，忽然有一天你遇见了千年前的它，并且两相叠加，就像穿越般的神话。小小的我双脚站在千年后的大大天地里，在杭城绿海里，眼睛却能望着千年前的遗迹。

　　我终于明白，原来历史如洪流，没有句点。而考古如洪流之上的舟楫，小心翼翼，却坚定如始。

　　良渚，青葱岁月里的我们有缘与你相遇，在你被世界温柔捧出之时。我也将继续把这一分温柔与敬意留心间，如初见。

情不情

谢曼舒（福建省莆田第一中学）

已至兰月，杭州依旧下着我家乡杏月时的微雨。疏雨斜侵，微凉入心。

晨起意暇甚，随车登古原。老虎岭水坝边上，道路随绿意生长，蔓延至兀立的剖面前。剖面很红，鲜艳得有点出人意料，明明是南方贫瘠的红壤，却处处都透着无羁的生命力与野性的美，倔强得让人感伤。时光倒溯，我看见腐草的白迹流出葱茏绿意，空气中的水汽凝成滚滚浪潮，而先民从大地深处徐徐行来，合力筑成堤坝，治理汹涌山洪。

雨绵密而耐心，至午不绝。借着历史的优势，我踏过时间，登上莫角山台地。雾蒙蒙的天气忠诚地守护着良渚先人的埋骨之处，在这儿，高声嬉戏笑闹似乎是一种冲撞。或有杂声突兀地出现，却也湮于雨与草丛碰头的沙沙低语中，淡得仿佛只是错觉。我原以为静止不过是短暂，运动才是永恒，世上没有永存之物。但在这儿，事物却兀自守护着它们最本真的气质。一个个的奇迹，借一代代的不竭的努力成就，进而调笑高高在上的理论。山河本非庸常，又因先人的努力添了新颜，虽为不情之物，却有不死之魂。其后岁久年深，这台地本或许会湮于漫长残忍的风刀霜剑下，却又因为一群"情不情"的考古之人的追寻重塑，最终能拂去尘埃，传诸后人，无意中惊艳了时光。

立于台地顶端，风轻抚，草微曲，墓无言。那一瞬间，我想起了我决定报名这个夏令营时朋友的不解。可能她并不那么懂我，或者说，她并不那么懂考古、懂文物。在交流讨论环节，老师说起考古时掩饰不住的信仰与全情投入带来的无法抵抗的感染，在良渚博物院看见玉琮时的灵魂震撼，在老虎岭水坝凝视鲜艳剖面时模糊浮现的眼角皱纹逐渐舒展的先人面容……

这些，都是她不曾经历，而我却视为至宝的藏品。

时间每每理性得残酷，但偶尔也成就了不朽的美好。我们不忘回首，拾起珍宝，然后阔步前行。

不须归

戴思佳(江苏省泰兴中学)

"斜风细雨不须归"。至少看着这盛夏少有的烟雨之景,我是这么想的。良渚古城遗址似乎是在考验我膜拜的诚心,便特地挑了这样蒙蒙细密的雨,剪不断,扯不开,淋湿我的衣裳,想让我留在这儿。

平行的纹理,堆砌的土层,缓坡,高台,堆叠起城墙,坟墓,宫殿。虽然早已被时间夷为平地,但当我登上莫角山环视的刹那,庞大的地基,大肆渲染的恢宏,以及水彩般浓重的绿,都猝不及防地撞入了我的眼,跌进我的胸怀。迎着微凉的细雨,我震撼得说不出话来。

一瞬间似乎天地八荒只剩我一人和远山无尽。我像是个不听话的孩童，误入了这片遗址，却意外地为它打动。

当然，这还只是遗址，或许我可以放心大胆地夸张，这种五千年前的壮阔，是仅凭双手与一叶运输的竹筏，荡开山水碧色，一土一木建造起伟大的文明，脉衍千年。

然而立于莫角山之上，震撼之余更多的却是苍凉。虽然已被开发保护良好，却依稀可见保护前的荒芜。被雨水冲刷开的泥土沾湿了我的双足，丛生的野草拂过脚畔。参观良渚城墙时，老师说城墙上部被附近村民建房挖土而破坏，不过幸好，由于保护及时，我还能有幸一睹这灿烂文明的一角。

但若是未能及时发现保护呢？或许早成了哪户人家墙角的烂泥，哭泣着流逝在江南连绵不断的梅雨里，发出谁都听不懂的呜咽。的确，在这个车轮般飞速前进的时代，考古应当被重视。很多古迹或许正在被破坏消磨，仅剩零星的残破，而不是如今我们所见到的复原与完整。

　　破碎的遗址又该如何修复，这也是我们应当重视的问题。如何及时发现，又该如何保护，这才是当下的话题。无论是已知还是未知，有解抑或无解，那或许都不重要。我们此刻真正要做的，只是俯下身，以虔诚的姿态叩问自己，也叩问来人……

出良渚记

金子钰（浙江省义乌中学）

致良渚的原住民们：

好久不见！一切都如往常平和安宁吧？

今天，我拜访了你们的家。

云雾缭绕，背阴的山峦和朝阳的山峦重叠在一起，向阳和背阴不断变幻着，现出一派苍凉的景色。把视线投向窗下，只见枯萎了的稻草篱笆上，挂着将坠的雨丝。一座一座堆叠起来的小山上探出许多好奇的毛竹与林木，急匆匆地从大巴的车顶划过去，把我们的欢笑声早早地抛向不知名的神灵的怀抱了。

灵隐钟声里，我们做了一个长梦。与其说梦，不如说是介于梦和现实之间。良渚王威严的仪态，远比那象牙权杖、嵌玉漆器更清晰地浮现在记忆里。后来，在梦的结尾，我掉进了一个郁绿的深渊里。那绿色也许就是留在我心上的竹影吧。这是你们的邀请函，还是我们的做客帖，我也弄不清楚。

这一日的雨下得比平日的梅雨大，山雾弥漫的空气有点潮湿。车子驶进庄严的白色石塑建筑前就停了下来。这时有一个向导走出来了。他站在山前向我们挥动印着"北京大学"的旗子，于是我们就走向他，他便带着我们向里面去。这时候山说话了（通过你们所供奉的玉琮）：

"这个人是我的孩子，如同你们是我的子民。你们前来探求茫惘中的智慧，我便把神力给他，让他到你们中间去。他通过我的手，告诉你们我的身体所在。通过我的躯体，你们便看到过去，你们便聪慧。通过我的器具，你们便得到预知，你们就博雅。走近我的村落的人有福了，你们终将知道我们来自哪里；打开我皇宫的人有福了，你们必定会明了我们去向何方。他所爱的，会有慧脑与健体；他所怜的，会有红运与善心。梦有所去的，必然一同前往；心有所及的，必将一同看见。"

我们就走到里面。我们便分散在万民中。在那里我们看见、听见且必然遇见良渚王。你尽心尽性寻求他的时候，就必寻见。神，他总不撇下你，不灭绝你，也不忘记与你列祖所立的约，带你到水城中看那锋利的石镰、碳化的稻米、兽骨鹿角、织机斧钺。神王之城静默打开，去历史之尘埃，展折叠之宇宙，悼亡者之荣衰。

然后我们出来，我们便蒙福。原属于先祖的隐秘的事业便属于我们。我们的心中必追念祝福。

从此，被赶散的，必招聚回来；在天涯的，也必归服。我们便进入我们列祖所得的地，我们必有所得。即使相隔千年万里，这话却离我甚近，就在我口中，在我心里，使我可以遵行。

我们就了解了良渚的影子。她的面孔闪烁不定，影子却是坚毅温柔的。如你一般，如我们一般。

朝圣者

于一个夏日的雨中

诗四首

邱应睿捷（江西省玉山一中）

颂良渚

钱江溽热自卑湿，定有奇人并作田。

但以琼瑶觉圣味，岂凭莫角仰云天。

池中寺下粮余迤，谷口堤前水闾安。

伟业神王堪搔首，斯民阜盛侔中原。

题老虎岭水坝

江涸石累累，遍观草包泥。

可笑青山在，毋知当年堤。

谒良渚古城

迢迢明曙入泽国，水网阡陌多交错。

怅望潮平千载后，且闻一转泪滂沱。

平水小盉考古

流觞曲水地，正迎赤子来。

尽看手铲起，独思瓦砾才。

良渚奇妙日

郑与时（湖北省宜昌市第一中学）

营员日记

唐鑫萌（天津市耀华中学）

DAY 2 07.09
上午：良渚古城遗址

<<<<<<<<<<<<<<<<<<<<<<<<<<<<<<<<<

p1:良渚古城平面图
p2:墓葬M12

雨天看遗址
颇有大禹治水
栉风沐雨
三过家门而不入之感
+++++++++++++++++++ 具有大佬气场
+++++++++++++++++ 的M12！！！

路线：南城墙→莫角山→反山王陵

南城墙：泥→黄土→草包泥

莫角山：一个人工建造的平台，目的是防潮/
防洪。上面有大莫角山、小莫角山、乌龟山
三个宫殿区。

反山王陵：良渚统治者们的墓葬，位于莫角
山西边

****

实践具有社会历史性。5000多年前的先民
们创造出的文明，在现在看来也许不值一
提。但如果，我们把它放在特定的历史阶
段中思考，就是非常令人震撼的。

下午：良渚博物院

良渚文化，主要分布于苏南、浙北、沪西。

玉琮 　　　玉钺

良渚人尊拜的神徽像

第一展厅：水乡泽国
良渚文化的核心是良渚遗址，良渚遗址的
核心是良渚古城。
良渚：区域性的早期文明古国
时间线↓：

距今 7000—6000 年　马家浜文化　浙江嘉兴（太湖流域
有利于人类居住）
距今 6000—5300 年　崧泽文化　个性张扬
距今 5300—4300 年　良渚文化
距今 4300—4100 年　钱山漾文化
（文明渐渐衰弱）
距今 4100—3800 年　广富林文化
经济基础：稻作农业—稻作文明
城内没有从事水稻种植业的人　城乡分离

试翼集：
少年说良渚

第二展厅　文明圣地

古城四重格局：
莫角山台地（人工加高）土堆（大莫角山、小莫角山、乌龟山）——宫殿区/内城（政权中心）
美人地村落遗址 ——内城
茅山——远郊 ——外城
老虎岭——水利系统

瑶山祭坛：距今 5300—5100 年——神权统治→废弃后，墓葬区
城市：距今 5100—4900 年——王权

古城：
1. 土方总量：1005W$^+$ 方
2. 人口：2W 到 3W 人
（有预谋，有规划，有设计的政治行为）←
大型工程量 上层权力中心、政治中心

✦✦✦✦✦✦✦✦✦✦✦✦✦✦✦✦✦✦✦✦✦✦✦✦✦✦✦

第三展厅：玉魂国魄

1. 玉琮：寄托了良渚人对神的崇拜
在玉琮上，神徽像最多
玉琮王与其他玉琮的区别：每面多刻了两个完整的神徽像

2. 玉钺：
组合式玉钺 →代表了墓主身份地位

3. 玉璧：
瑶山祭坛没有出土玉璧。
玉璧逐渐精致、完善，表示以玉琮、玉璧、玉钺为代表的玉礼器系统慢慢完善

4. 信仰：神徽像纹饰 统一信仰
✦✦✦✦✦✦✦✦✦✦✦✦✦✦✦✦✦✦✦✦✦✦✦✦✦✦✦

良渚文明填补了中华文明在东亚文明中的空白。良渚古城遗址申遗成功，代表中华五千年的历史正在被世界所承认。

早期人类活动很大程度上受地理环境的影响，良渚文明也与中原文明有很大的区别，这些能够从墓葬、宫殿的位置反映出来。

老虎岭水坝遗址

白色、黑色的纹路都是草包泥，草包泥在良渚应用很广泛，南城墙也用到了这种方法

晚上：小组会议

1. 不能透露任何信息的晚会节目
2. 一个让我变成跪射俑的合照

千年咫尺

邓洁芮（四川省成都树德中学）

溯华夏之渊源，探良渚之遗风。玉琮玉钺，浩浩然有王者气；神徽神纹，凛凛乎而敬天地。如果说昨天方向明老师的讲座让我对于良渚的印象还稍显抽象，那么今天的参观就是再度深入了解，也让良渚文明的璀璨画卷从此深深镌刻在我脑海，久久挥之不去。

清晨穿行于博物院的一个半小时没想到是最累的，超大量的知识在短时间内被接受、理解、消化，我的脑子差点没罢工。满满的几大页笔记背后尽是脑细胞与指尖的辛勤付出，向它们致敬。其实考古学关注的也有人们的普通生活，并非全是高大上的存在，直到沉浸式参观了陈列馆，了解家猪与野猪的区别、食谱的变更后，我才对此彻底领悟。我从未想过考古学可以这么接地气，它真正要做的，是还原先民们当时的生活场景，正如我喜爱的音乐剧《金沙》所唱道："总有一天，我会找到什么，拨开尘雾和泥土，我会让她复活；总有一天，让她告诉我，她曾怎样生活。"猪下颌骨、山核桃、栽培稻、玉纺轮……背后，掩藏着历史长河中每一个渺小的普通人的身影。也正是这些历史遗存，使我们成为我们。

下午，站在老虎岭的坝头眺望，远处是平原沃野，小丘连绵。有那么一瞬间，迎着扑面的雨丝与劲风，空气里掠过一丝神圣的沧桑感，我觉得时空交汇了。坝头上站着的是良渚王，他自豪地审视着这项伟大的水利工程，看着自己的国家繁荣富饶，看着自己的臣民衣食无忧，然后，他向我露出一个会心的微笑。不知道是不是我的幻想过于丰富了，但我觉得，能够在过去与现实之间摆渡，也是考古的浪漫吧。

南城墙、莫角山、反山，混合着黄土跨越千年的呢喃；玉琮玉钺的光芒闪耀着，刹那间将历史夜空刺

破。那微雕的神人兽面纹，又在低语些什么呢？心底
只泛起一股敬畏。这是我知识储备里的良渚，这也是
我记忆中的良渚。文物传承着尘封的文化，遗址诉说
着无言的历史。在这春秋古今之中，你我皆是聆听者。

千年咫尺，咫尺千年。只有白鹭盘旋在时间上空，
明晃晃的扑翼忽而远逝，入了这文明的遗梦。

叶韵宏（厦门外国语学校）绘

访良渚

马璞杰琳（西北工业大学附属中学）

就在今天，我参观了良渚古城遗址和良渚博物院，神交五千多年前的江南先民们。"良渚"这个词汇在我的脑海中由一个坐标方位、一份学员手册上的简单介绍以及百度上教科书式的平淡叙述，倏忽变成了一幅生动形象的画卷。

上午我们在毛毛雨、瓢泼雨的来回切换下参观了良渚古城遗址——南城墙、莫角山、反山。我脚下的这片土地曾沉睡过一个秩序井然的奇丽文明，这令我产生了一种奇妙的感觉，就好像我闭上眼，犹能听到玉器作坊中珑璁雕琢之声，听到筏行水道时篙击浪花发出的声音。山上不周风游弋，或许这一阵天风，也曾在数千年前，吹拂过同样站在这里的良渚先民。我张开臂，面向云遮雾罩中青碧色的峰峦，拥抱水灵与山魂，也试着拥抱一个民族的过往。

而下午的行程对于我来说，更像是一场视觉的飨宴。由于家乡地域所限，我以前接触到的文物大多是秦汉唐三代遗宝，就连春秋战国时的文物也很少得见，更遑论是新石器时代那样一个遥不可及的年代。但今天的展览，却成功地让我走近了那个失落数千年的文明。陶器、玉器、漆器、骨器等优美的设计与精致的纹样，无不彰显劳动人民的智慧。

更令我吃惊的是，五千多年前的良渚先民竟也有了统一的信仰崇拜。在辽阔的长江下游滨海沿江平原、面积在当时算是巨大的江浙沪"包邮区"，刻在器物上的神人兽面纹普遍存在，这从一个侧面反映出良渚信仰获得的广泛认同。能够神、军、王三权合一，这也为日后统一多民族中央集权国家的建立奠定了一定基础。我总是惯于想象秦皇汉武指点江山、挥斥方遒的样子，总觉得只有黄河流域才能养出自信从容的气派。可通过今天的参观我才发觉，中华文明与生俱来的气度，从来就没有地域之别。

我仍意犹未尽，但今日的参观已然结束。烟雨深处良渚遗址的身影逐渐消失在大巴车后视镜中，我内心深处却多了一个来自五千年前水乡泽国的分明烙痕。最后便用展馆出口处的结语，来结束我的日记吧——

这一片良渚文明，让我懂得了要"走进历史真实之道，迈向未来传承之路"，将今日之新奇称叹，转化为来日前行之动力。

皆为生活

李豫苏（江苏省徐州市第一中学）

一日良渚行，是震撼，也是赞叹。

缓步走出旅馆，撑起伞，听雨击伞面的声响扰人，心中初是几分不愿，在这样的天气出行吗？

果然，不出我所料，前行之路，黄土淤泥，崎岖坎坷。

但在浏览完良渚古城遗址后，我的心头却又多了一份平静，不禁陷入思绪。

透过细雨微风的帘幕，目光跨越数千年的延续与传承，我看见，也正是许许多多这样的阴雨连绵的日子，良渚先民们用自己的双手筑坝、建房、治玉，用土地赋予他们坚毅的性格渡尽一次次的天灾劫难，在南方的这片土地上繁衍生息，一代代地传承。他们保持着虔诚的信仰，以玉琮为载体、以神徽为灵魂，方成就了区域性的早期国家。

那里有生活。有隔档鼎，有陶罐，也有双鼻壶，还有木陀螺与漆绘，他们学习去生活、去感受生活、去享受生活。虽然我不曾知晓那时的人们如何交流，但我相信，在生产力较为发达的良渚，一种生活的美感是共通。在他们有意识地在木器上涂以红漆，热烈而鲜艳的色彩为他们带来视觉的极大冲击，为他们带来了美的享受。

也许，正像李泽厚所说的那样："他们的器物不仅具有实用性——合规律性的形体感受，而且具有艺术性——装饰品上的自觉加工。前者是物质基础，后者是上层建筑。这种上层建筑也是一种审美艺术。"

那里也有智慧。一毫米的间距，便有5－6道刻纹，其工艺之精可以一窥究竟。以防天灾，大坝功不可没。大坝有高低之分，于两山之间与自然巧妙结合。淤泥为底，草裹泥层层垒之，再覆黄土，却屹立数千年……

听着老师的讲解，亲手感触黄土上的一丝丝异色走势，是时间温婉却坚韧的停驻。

一眼千年，那时与当下皆为生活。

浅谈良渚博物院的建筑设计理念

龚晨宇（江苏省海安高级中学）

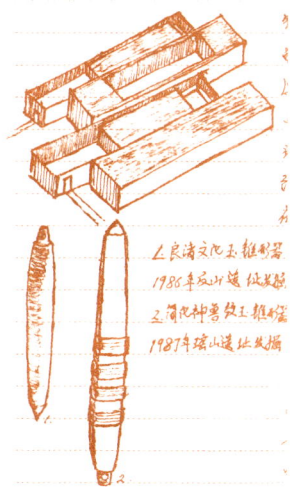

博物院外观设计

我特别欣赏良渚博物院的设计（虽然这和考古本身没多大关系）。入口有些单调的高墙散发着一种历史厚重感，却不会压迫得人透不过气。而且外墙上全部采用米黄色的黄洞石，犹如璞玉一般浑然天成。据称，此馆的设计理念是"一把玉锥散落在大地"，如果仅仅是把四个长条的外形比作玉锥，确实需要抽象化联想一下。

然妙就妙在今天飘着微雨，整个博物院便如刚从古墓里被挖掘出来的玉锥经过淘洗一样，在硬朗的线条中漫溢出了玉特有的温润妥帖感，化厚重为轻盈，化呆板为水灵。即使把玩不了玻璃柜里的文物，抚摸一下墙壁也如翻动历史的书页，是极好的。

博物院在几处庭院的设计上倒也别有匠心。步进主入口，映入眼帘的庭院中栽种着几棵蓊郁的大树，树底下用砖石围成一圈，有近似玉琮的圆角方形，也有玉

主入口庭院大树

璧式的同心圆。可坐可观，兼具实用性和美观性。倘说此处还不甚明显，那么被四周围绕的中央庭院则有意突出彰显了以"玉"为核心的设计理念。天井中央平铺一展水池长卷，除了几片睡莲，或大或小的"玉璧"零散地分布其中，好像被随手抛出去，却漂浮在

中庭庭院

了水面上。它们安安静静地吸纳着天落水，又吐息出和谐的气韵。同时，泛起微澜的水面宛如起了冰裂纹的镜面，倒映出一派异象世界，起到视觉上的立体延伸效果，开拓了想象的境界。这种类似于"四水归堂"的设计，在零散中有统一，使艺术性与历史性达成了一种微妙的平衡。

良渚博物院运用多种建筑符号和文化图腾，不仅挖掘了文物和遗址的文化内涵，更与文物形成了一种宏观与微观的照应，展开了一场艺术与历史的对话，为文物的展览营造了融合的氛围，甘心充当文物的背景板。

博物院作为考古工作的终端场所，它面向的受众

远比遗址公园、考古所等实地性文保场所的受众更大

众化、基础化，它要求可观、可触、可玩、可学。这

也就势必要求博物院的设

计理念必须始终为文物服

务，同时充当文物的实际

空间背景和历史文化背景。

相比于那些千篇一律和喧

宾夺主的设计，像良渚博

物院这样地域性的低调内

敛的设计，或许更受大众

青睐。

玉璧，反山遗址M23出土.

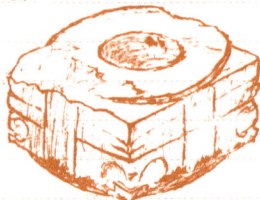

玉琮，瑶山遗址M12采集.

博物院文物

My Trip to Liangzhu

杨韫璟（四川省射洪中学校）

Today is the second day of my journey as a member of the summer school sponsored by Peking University. The theme of today is Liangzhu Culture. As is known to all，the Liangzhu Ancient City was listed as a cultural heritage by UNESCO successfully on 6th，July，just a few days ago. The Liangzhu Ancient City was entitled because it has a five-thousand-year-old history and splendid culture，which exactly beckons each of us Chinese. Before we set out，I consulted some relevant information. I've learned that the site of Liangzhu Ancient City is a Neolithic site discovered in the lower reaches of the Yangtze river. Before the discovery of Shenmu Shimao site in Shaanxi province, it was the largest prehistoric site in China and has been praised as "the first city in China". Therefore, when I was on the bus heading for the Liangzhu Ancient City, I was extremely excited and full of expectation.

Our first destination is the Liangzhu Ancient City Relics. Although it was raining and cool, our enthusiasm was burning fiercely. We visited the profile of the Ancient City Wall, the tombs of the Liangzhu ancestors, and then climbed onto the Damojiao Mountain. After that, we visited the Liangzhu Museum, where we saw plenty of tools made and used by the Liangzhu people, as well as exquisite jade works such as the jade cong and so on. "Cong" is a Chinese vocabulary referring to a type of jade object, which is used by ruling class to show their exalted status and supreme majesty. In the end, we went to the Laohuling Dam. This is one of the evidences that contributed to widening the range of the Liangzhu Civilization. All the way we had knowledgeable instructors explaining for us.

I was totally surprised by the wisdom and creativity of the Liangzhu ancestors. They used the most advanced skills at that time to build their cities and water systems, and their jade works are so delicate that the modern technology is hard to match. At the same time I have a feeling of pride, since at that early time, which is five thousands years from now, we already had such developed rice farming system and hierarchical theocratic society, leading the entire world. There is no doubt that Liangzhu Culture is a precious treasure to China as well as the whole world!

夏令营日记三则

谢子涵（华中师范大学第一附属中学）

7月9日

今日，细雨连绵，笼罩着这一方天地。

"寻梦五千年，重回古良渚"。走出讲堂，走出书本，我们走近文物，走近历史，走进良渚博物院。良渚文化以其博大深厚的内蕴，使我们更加真切地体悟先人的智慧、聆听远方的声音。组合式石犁体现了生产工具的进步和生产效率的提高；由野生稻到栽培稻的转变、由野猪到家猪的驯化显示出农业和畜牧业的进步；石器加工的专门化体现了良渚先民对矿物认知水平的提升；漆器的胎体和漆面完美结合，多层髹漆工艺和漆器嵌玉工艺是良渚文化的又一特色。更令人惊叹的是玉器，作为良渚文化最杰出的物质成就之一，其品质、数量、体量、种类以及雕琢工艺达到中国史前治玉水平的一个高峰。玉琮的制作过程精细复杂，制坯、打样、钻孔、修孔、节面分割、射口制作、刻纹抛光，很难想象这样高超的工艺技术出现在那样遥远的年代。良渚博物院拉近了我们与良渚文化的距离，揭开了中华古老文明神秘的面纱。追随历史的脚步，我们得以倾听那涓涓细流的文化乐章。

走出博物院，我们又探访了良渚古城遗址，追溯良渚悠远的文明曙光。一步一步，恍惚间我们仿佛穿透了横亘千年的迷雾，回到精神的原点。看着南城墙下半掩埋的石块，错杂地排列在我们脚下，不知其中浸透了多少汗水。站在莫角山上远望，远山隐在雨雾里，不知先民可曾如此眺望，他们的脑中又有怎样的回响。在反山墓葬旁凝思，任思绪穿越千年，想象它们最原始的模样……我们与遗迹对话，搭建起了与先人沟通的桥梁。这样的共鸣与共情，是纯粹和真实馈赠的诗意与欢喜。

从前，对良渚的了解，或许仅仅止步于书本上科学严谨的叙述介绍。那些文字和数字固然精准，却往往少了一份温度。而来到良渚博物院与良渚古城遗址，亲身经历、亲自感知，以脚步丈量、用双耳聆听，才能真正感受到那一份重量、那一段温情。我们从山重水复的缝隙中张望先辈古人的背影，我们于古朴静默的文物里一睹沉淀千年的风情，我们被绵延悠长的历史打动，那是先人的智慧、远方的歌声。

今日，飘了一整天的细雨。雨中的城显得安静，荷花也开得正好。

7月10日

"北有秦宫，南有印山。"上午，我们拜访了全国十大考古新发现之一——印山越王陵。印山越国王陵具有极高的文物价值，其建筑规模之大、结构之合理、形制之独特、气势之宏伟、保存之完好，举世罕见。印山大墓的墓坑与墓道全部是在山岩中挖凿而成，其造墓工程之巨、用工人数之多，可见一斑。它的填筑和防腐措施十分科学和讲究，层层叠叠的树皮增加了墓室的密封程度，树皮外填筑的木炭层具有吸水防潮功能，整个墓坑用大量青膏胶泥填筑，起到良好的防腐效果。正因如此，木客大冢才能安然度过 2500 年的岁月。整个陵墓是一件极其珍贵、极具价值的文物，它不仅是穿越 2500 年历史的见证，也是中华民族智慧的结晶。

下午，我们拿到了心心念念的小手铲，走进考古工地，感受"刮土"之乐。南方的红壤在雨水的滋润下变得潮湿黏重，留恋地拉扯着我们的鞋底。行行走走，终于来到"刮土体验地"，加入"刮土大军"的阵营。本以为刮土是一个入门级别的技能，应该会比较容易，可当我拼命刮也刮不成平面、刮成平面也分不清颜色、分清颜色也看不懂地层年代的时候，我才真正明白"刮土"是多么辛苦和困难。撑着酸痛的腰，扶着眩晕的头，感受手指蜷曲的痛楚，此时考古工作者的身影渐渐高大。他们面对炎热或寒冷，历经长时间的勘探和挖掘，辨析复杂的地层与地质结构，凭借广博的学识和过人的眼力，始终坚守，始终前行，用他们的手铲一寸一寸地抚摸这片土地，记录一点一滴的收获和感动。

其实更多时候，考古人面对的，不是博物院中完整而精致的青铜和玉器，而是沾满泥土的陶片和碎瓷。考古并没有想象中那么浪漫，也不如听起来那样简单，也许琐碎会磨灭雄心，汗水将浸透岁月，可他们却不曾退缩。"昭昭若日月之明，离离如星辰之行"。背向人群，选择与历史为伴、与文化同行。考古人携着那份坚毅、那份勇敢、那颗初心，行走在一条艰苦又孤独的道路上，留给我们的，是一个个单薄却高大的背影。这背影，值得我们敬仰，也值得我们追随。

7月12日

所谓"梦里相逢西子湖"，梦中的西湖沐浴在阳光之下，光影明灭，阳光穿透柳隙，留下片片斑驳。而今天与西湖的会面，却满盈雨水的气息。雨中的西湖以另一种容姿与我们相见，令我真正领略了一番"烟雨江南"。

执伞漫步于西子湖畔，欣赏红荷掩映于绿叶之间的风姿，倾听雨珠滴落湖面的声音。湖波微漾，不似波涛汹涌，亦非静如明镜，但见平波流转，便是千种风情。立于柳丝轻拂的西湖边，只见远岱隐于雾中，数舟泛于湖上，烟波浩渺，水天相接。层层叠叠、连绵起伏的山峦，一山绿一山青，一山浓一山淡，便成一幅水墨丹青。忽见天空一抹孤影掠过，平添万千心绪，遂忆起那一句"长空澹澹孤鸟没，万古销沉向此中"。

南屏晚钟，三潭印月，曲院风荷，断桥残雪……文人笔下的西湖有无限题咏。"苏家小女旧知名，杨柳风前别有情。"西泠桥侧，慕才亭下，亦有三两真心人。"何处黄鹂破暝烟，一声啼过苏堤晓。"长堤卧波，垂杨带雨，烟波摇漾，如入仙境。"西泠在何处，印社古风新。"西泠印社背倚孤山，独向人间冷处开，篆刻书画成就卓越，艺术收藏享誉四海。光阴百代，我们漫步其间，抬眼便是历史宛转的痕迹。恍惚间回到了那个仍是油纸伞的烟雨江南，伞下有人世的芳馨，伞下的片刻足以传诵千年。

"记取西之湖畔，正春山好处，空翠烟霏。算诗人相得，如我与君稀。"令人怀念的，不仅仅是西子的自然之韵，更是那一份同游西湖的记忆与深情。那一群优秀的引导者与同行者，让所有的风景都有了秀丽，有了气质，有了灵犀。独行固然别有风情，而与友人并肩同行，体会古人吟风弄月、寻章摘句之意趣，却是可遇不可求的缘分。这样的体味，仿佛一眼千年，或许一次一生。一切的一切，便都永远同那静沉的阳光或是淅沥的细雨一起成了我记忆中极自然的联想。

西湖之美景，当相会于梦境；西湖之风韵，当长存于心底。愿将来某天，能再相会于西子湖畔，赏江南美景，吟历史古韵。

窥心于圆

舒采奕（江苏省扬州中学）

　　良渚文明的遗迹中，圆形几乎无处不在，没有哪一件文物是与圆无关的。无独有偶，中国文化中圆这一图形也拥有其他图形不具备的特殊含义。圆是圆融，是统一，是宇宙间的基本道理，是完美的符号象征，是在人间的方正之外的四时圜动。从圆中，我们可以窥得一角良渚人乃至中国人的精神特征。

　　从生活方式和态度上说，圆无疑是可亲可掬的。它没有棱角，稳定的同时又具有一定的灵活性。良渚人的城池就是一个巨大的近似圆形，厚薄不一的城墙和水道将一座城环抱，如同母亲一般，孕育、保护着其中的居民。圆形可以带给良渚人以安全感和归属感。

此外，良渚的许多器皿都包含圆形，比方说炊煮器、盛贮器和酒水器，不少都具有浑圆的腹部。当然，圆形较之方形更好制作，浑圆的弧度也更贴近手部的轮廓。总之，身处于圆形怀抱中的良渚人是可爱的。

从精神信仰上来说，圆形是可敬可畏的。虽然身处五千多年前，但良渚人物质生活的优渥允许和促进了他们对精神世界的追求。良渚神像上就包含很多的圆形和椭圆形，比如神兽的巨大圆眼，象征着太阳与光明。我们可以大胆推测，对于圆形的推崇来自对太阳、对天空的崇拜。中国自古以来有"天圆地方"的说法，良渚人建造了方方正正的莫角山，却永远仰望着穹庐般的天空，正像"法"与"心"的结合，是物质生活与精神追求的统一。除此之外，象征着神权与王权的玉琮、玉璧上，都无一例外含有圆的元素，体现了对权力与神力的崇拜。从刻画符号上可以看出，除了频繁出现的良渚神像，鸟也是良渚人民的崇拜对象之一。画面上的鸟儿尾尖高翘，双爪点地，仿佛即刻便要振翅而飞。无论是鸟还是太阳，都有及天之意，良渚人对于高处的向往是与生俱来的。将莫角山宫殿修高，就是以高为尊的体现。我们想象，在五千多年前，良渚人面朝黄土脚踏实地地劳作，却仍然频频抬头仰望青天，试图用沾满泥土的双手触摸苍穹，这份纯净的虔诚令人感动。良渚人的文化，是理性与热情的碰撞，是古典与浪漫的美妙邂逅。

良渚人有高度发达的稻作农业。当然，自然环境的优越是促成这种稳定聚居、阶级分明的生活方式的部分原因。为了有条不紊地从事大规模的生产作业，良渚人必须形成等级分明的社会体制，让上层阶级领导下层阶级完成任务；为了保证上层阶级的统治地位，仅仅依靠制定严格的令规是不够的，神权信仰的不可或缺由此体现。良渚信仰文化的产生与中国后来君主专制与中央集权制度的诞生有很多相似之处。由古及今，我想，对于今天的我们来说，信仰也是相当重要的精神源泉吧。

7月9日日记

单佳璐（北京市十一学校）

伴着一天淅淅沥沥的小雨和层层堆积着的乌云，我得以见到良渚的第一面。良渚博物院优雅精致，但给我印象最深的却是几个图案。

讲解员让我们仔细观察刻符玉璧上的鸟立高台纹的时候，旁边印刷着埃及文明上的鸟立高台纹。虽然构图、内容甚至图案都有些类似，但给人感觉实在不同。

玉璧上刻画的小鸟站在一个三阶的高台上。小鸟圆润可爱，尾巴向上微微抬起，眼神友善。讲解员把它形象地比作小麻雀。玉璧很大，但刻符很浅，图案也不过几厘米大小。旁边展示出的埃及"鸟立高台"

纹饰则与此相反，埃及的小鸟昂首挺立，尾巴下压，身穿一套铠甲，威而不怒。

我实在是为这种跨越了空间的文明相似而感到惊奇，几千年前的人们不约而同地选择了"鸟"这种动物作为崇拜的对象，还都选择了"高台"这个意象来承载精神崇拜，原始社会的人们拥有的这股想象力一定是细致自然的。

更让我惊异的是中外文明的差异早在 5000 年前就竟然出现了。一面是和善圆润的中华文明，一面是严肃方正的埃及文明。一面温顺，一面肃穆。是长江与尼罗河两条大河朝着不同方向奔腾造就的？是良渚王国和埃及王国不同的社会制度塑造出的？还是两种文明携带的基因本就不同，自那时开始便分异，走向两种不同的灿烂？尽管并不怎么了解埃及文明，但在刻符玉璧上，我看到了中华文明的三个关键词："源远流长"，"兼容并蓄"和"绵延不绝"。我想后者一定影响颇深，那只小鸟带着的气质，正是中华文化的代表。

可能从很久很久以前中华文明的温柔就已经生长出来了。到孔子的中庸、道家影响下的调和，思想家们的智慧温柔抹去浑身上下尖锐的刺，对待生活就像几千年的那只小鸟一样温柔。中国人民凭借勤劳的品质和灵巧的双手一笔笔地画下青花或者山水，纹饰精美、细致入微。小鸟炯炯有神的眼睛，用柔和的目光穿越上下五千年历史，抵达今天，尽管悠久，却仍然纯净。

我真实地感受到了那股历史的厚重，那种"寻根"的感觉。良渚的魅力就在于此，"实证中华五千多年文明史的圣地"。我想，不仅仅是考古挖掘出的那些实物成为证据，更重要的，还有这些纹饰背后体现出的文化情怀。

窗外仍然细雨连绵，敲打在博物院外面的石阶上，发出清脆的碎玉声。

见久远青山埋骨，探渊源白玉为牍

孙紫瑜（北京市广渠门中学）

我是一个十几年前刚刚诞生的新个体，但是，组成我的千千万万的原子分子或许已与宇宙同寿。宇宙是时间的沉淀者，是时间的超越者。在宇宙之中，我们与五千年前的良渚，由宇宙牵引着，紧密地联系在了一起。

仰望星空，倘若看见大犬座 VY（一颗位于大犬座的极端富氧型红特超巨星），它传送到我们视野里的光，就来自良渚先民们的时代，同样，倘若有未知的观测者正在那里观测地球，他观测到的，或许也正是良渚先民们的生活、劳作和朝圣。

宇宙充满神秘，良渚充满神奇，这一切的神秘和神奇都会成为思考和探寻的动力。我不由得想到，五千年前的良渚人仰望到的星空是什么样的？他们对此又产生了什么样瑰丽的想象呢？那或许就是嵌玉漆器上的点点玉粒吧，那些玉粒所代表的星星的光是何时传出的，我们不得而知，但正因为考古，使得我们得以望见良渚先人们的凝望，看见它们对宇宙自然的敬畏，并怀着同样对文化和文物的敬畏之心，研究先人留下的每一件遗物。

　　我之所以要说"白玉为牍"，也是因为我深深被良渚玉文化所震撼。"牍"者，简也，史也。良渚的刻画符号对于我们这些习惯了成熟完善的文字体系的现代人而言，确实是有些神秘与迷离，但良渚玉器的纹饰却是普适的、大众的，只是欣赏层次不同。最浅层的，是玉器的精美。其次，是蕴含其中的工匠精神，我们看到，就算是再小的玉琮，也有纹饰，每一个纹饰都是尽善尽美。现在的考古工作者正是这种文化基因的传承者：日复一日地，考古工作者们发掘、修复着这些文物，无一丝浮躁，无一丝马虎。更高层次的，是良渚文明反映出的良渚的社会：百姓对于与王权结合的神秘宗教力量的绝对膜拜和绝对敬畏，百姓对于行业的绝对忠诚和精益求精——这是一个由"神"的力量作为精神指引，由"王"的权威作为政治推力，由兢兢业业勤勤恳恳的百姓组成的早期国家。良渚的白玉，是无字的史书简牍，却记下了比史书更全面更真实的良渚社会全景。

良渚的先民们走了，走得无声，也走得轰轰烈烈，反山的土壤消逝了他们的骨骸，却留住了他们的玉，他们的无字史书，留给我们一个灿烂的文化、一个不朽的传奇。世界是运动的，总有东西会逝去，如鸿雁飞过；而世界又是静止的，当尘埃落定，总有些东西会留下来，在时间的河床上，永远熠熠生辉，这就是一个人、一个国家、一个文明的价值。为何考古，一定不只是为了了解过去的某个时代，更是为了"鉴往事而知来者"，发现世界发展的规律。对于世界的探寻和思考，大约就是如此吧

望着良渚的泥沙地，或许，我们的脚印和某个先

民的脚印恰好重合；凝视良渚的玉器，或许我们凝视的地方正是五千年前工匠凝视过的地方。

五千年很短，不够一颗星星的诞生和毁灭；五千年很长，这五千年里"村落成了国，符号成了诗，呼唤成了歌"。

良渚神徽

李之仪（重庆市第一中学）绘

遇 见

余 悦（重庆市巴川国际高级中学校）

对于五千年前的世界，不止一次地有过想象。七月江南，良渚圣地，梦境与现实于此邂逅，有一份诗意的美，有一辉清亮的光。

当我发现良渚人用釜和隔档鼎来分别煮粥与蒸饭时，我讶异于他们对生活质量的追求；当我看到陶罐上那一个个可爱的刻画符号时，我惊喜于文明的火种由此孕育。这是中国生活的美。

何谓生活？"生"是生命、生存，"活"是活泼、活力。不同于西方对艺术的关注，东方美学源流于生活，更注重鲜活的生命气息、活泼的生长之力。原生态生活中的创造与追寻，本身就蕴含着大美。回望功能各异的陶器,我窥见中国式生活的轮廓,感受到同为人的我们,对生命、对生活同样的执着与热爱,和一种立于天地之间不卑不亢的、浅浅的欢喜。

而那玉琮王上一毫米距离内刻画出的五道不重叠的细线,是良渚人对细节的精益求精;水利系统横亘百米而不倒,勾勒出中华文明恢宏大气的轮廓……这是中国人的道。

古有良渚先民,今有大国工匠。立身于专注恒长,技成吾手;修己以沉静笃定,道在吾心。生产力水平高度发达的现代,完备的机械可以轻松完成如三峡大坝这般宏伟的超级工程,绝非良渚水坝可以媲美;高度精准的仪器可以让工程师完成纳米级的机器人研发,绝非玉琮王可以比肩。但是文化基因里的匠艺与匠心,却是在物欲横流的当代人最要从先民处继承的。键盘的方便不是我们提笔忘字的理由,人工智能的发展不是我们不用动脑的前奏。物质世界的飞速发展,更需要我们沉下心来建立精神的信仰,使得我们在浮躁快节奏的时代,不失于毫厘,不惧于效率,不诱于繁华。沉静笃定，修炼自我。乱花迷人眼处守初心清明，山穷水尽时持步履不停。大音希声，无论你年岁几何、从业何方，它都给你以指引，以滋养；无论中国如何发展、社会如何进步，它都给时代以力量，以方向。大道至简。

"岁月失语，惟石能言。"中华文明这块美玉，在良渚找到五千年前的原乡。细细抚摸岁月留下的纹路，怎么不为这千百年来从未断绝的文明而欣喜而感动。

人的一生有很多种遇见，在时光的转角，与五千年历史相遇，当真不负这七月杭州的漫漫天光。

良渚，早期文明的神话

王亦可（安徽省淮北市第一中学）

　　眼前的水乡泽国，是一个我从未深入了解过的文明。从某种意义上说，威尼斯，或许更适合称为西方的良渚。与其相比，良渚以自身深厚的历史积淀孕育的独特魅力，建立在湿地上的古老的东方城市架构风格，以及以玉为代表的统一的精神崇拜区别于其他的城市文明。而这一切早在五千年前就已走向成熟。一个初步的国家体系，一个王权与神权结合的政治架构，一种对玉的无限痴狂与崇拜，一个实证了中华五千年历史的辉煌灿烂的文明——良渚，静静地等待在那里，他没有死亡，他等待着他的信徒为世人诠释他曾经的辉煌，等待着这世间为他注入青春的活力。漫步在千年前的遗址,蒙蒙细雨,漠漠水田,几只水鸟一闪而过,良渚文明的绚烂绽放倏忽间归于平静,那光芒带着原始冲动越过岁月的沙漏再次投影在这片土地上。他等到了考古人的到来。

和其他很多文明一样,良渚终究也淹没在历史之中。仰韶、石峁、三星堆……我们不知道这块土地上曾培育了多少文明,也不知道还有多少文明正等待我们去发现。但是,我们知道,良渚曾经来过,并曾骄傲地展示着自己的风采,那遗留的水坝正是人与自然抗争留下的伟大证明。但文明的演化也是适者生存,此刻的中华文明也是战胜了无数苦难从众多文明中脱颖而出,在古印度、古埃及、古巴比伦文明的羡慕眼光中逐渐发展壮大,用自身独特的文化与精神,点亮了遥远的东方。

我们一直夸耀先民的智慧,而直到此刻我才真正有所体会。城墙的建构与规划,土木的运输与利用,穿越历史,先民们共同营筑水坝热烈投入的场景历历在目。一个横跨长江下游的文明,一座城市的规划与营建，一道道水门的布局与设计，良渚是雄健豪迈的壮美与温婉隽永的秀美的统一。而我们今天能感受这份绚烂的美，正是一代代考古学家的破译与诠释，他们是文明的阐释者、继承者、弘扬者。

玉琮，玉钺，玉璧；神权，军权，王权……站在反山 M12 旁，仿佛亲眼看到考古工作者发掘时的那种细致艰辛，更能想象到珍器出土时瞬间点燃的激动与兴奋。一道道的水坝、一层层的土层，仿佛浸满了考古人的汗水。感激之余，更满怀对自己的期待。或许，我就是下一代考古人。

惊鸿照影来——记良渚

唐鑫萌（天津市耀华中学）

来自太平洋的东南季风，年复一年地将骤雨带给江南丘陵的黄土地。来到良渚的那一天，空山凝云，风雨潇潇。踏入五千年前的城郭，我不禁对这片凝聚着厚重历史的土地生出敬畏之情。

中国人自古以来便有着开天辟地的勇气，良渚古城之中，蜿蜒的城墙，高筑的土台和水坝，也都彰显着深居泽国之中的良渚先人们那一份改造自然的气魄。踏过泥泞，我们相互扶持着登上大莫角山——良渚古城的制高点。在莫角山顶，还留存良渚王族曾经的宫殿遗迹。很难想象，这座土台与台顶的宫殿，竟是由先民们就地取材，以原始的工具亲手建造出来的。即使经过许多个世纪风刀霜剑的侵蚀，我们依然能透过静默伫立着的遗址，窥探到当年良渚王国的蛛丝马迹。这些先民们创造出的文明，较之汉唐的辉煌和两宋的繁荣，在许多人看来或许不值一提。但是，在五千多年前，它在"满天星斗"的中国大地上，可谓耀眼的"明星"，在同期的世界上也独占一席之地，是多么令人震撼！

走进博物院时，我看到曾经的能工巧匠们在剔透的玉石上，用精湛的技艺雕刻出繁复细密的花纹。玉器之上的良渚之神双眼圆睁，它的目光似乎能穿透历史的迷雾，我仿佛能隔着时光听到它悠长的叹息和低沉的诉说。瑶山 M12 玉琮和 M7 豪华玉钺，自然是博物院之中最著名、最引人瞩目的展品。它们威严庄重，静立在展柜中。灯光照亮了它们身上的纹路，是神人兽面的形象。也许他们不只寄托了良渚人的虔诚信仰和美好愿望，也承载了中国人民不屈的灵魂。史前，在自然的限制下，良渚先民还是创造出了不朽的物质财富与精神财富。他们是一束光，照亮后世人前行的路。

　　与良渚结缘，仅有短暂的一天时间，与良渚穿梭的五千多年时光相比，简直不值一提。然而，这十多个小时却宛如惊鸿，掠过我记忆的湖面，留下一道温柔永恒的光影。坐在返程的大巴上，云销雨霁，银色的月光透过窗户洒在我的身上。在那以后，我时常会想，数千年前的月光照在良渚水乡，会是什么样子……

良渚的荣光

李昕澎（北京市十一学校）

　　在七月的好时节来到自己钟爱的城市杭州，正是候鸟停驻的时节，燕子轻盈流线型的翅翼在身旁游弋。"何处营巢夏将半，茅檐烟里语双双""三山半落青天外，二水中分白鹭洲"，我半吊子的博物学修养也乐得分辨起大中小白鹭来，对比乌鸦喜鹊能做猛禽的帝都，真是胸中郁结也恨不得舒畅了。

　　而在细雨中游览良渚古城遗址也是别有韵味。江南不仅有一江烟水、丛丛芰荷、点点画船，更曾经是潮湿多雨、洪水肆虐、瘴疠横行之地，我们可以从中管窥江南宝地当初给先民带来的严峻考验，更能因而认识到良渚先人的智慧和胆魄，即所谓良渚的荣光。

文明初起时，古良渚人最迫切需要的是什么？不是食物、不是安全更不是逸乐，他们最先修筑了祭坛。祭坛代表着信仰，是精神力量的集中体现。通常的说法会给出解释说，这是一种古人对于天地原始的敬畏，一种与超自然力量沟通的渴望，让神明的旨意经由仪式降临于此，冥冥之中引导着王和他的子民们。但毋宁说，其实筚路蓝缕、战胜万难的信念来源于自身，而只是经由神赐福的形式呈现。时至今日，良渚先民的文明和精神还在不断地被追念和书写。

内城即为一座由石块作为地基、用黄土垒成的台地范围，造型较为方正。无论是台地，抑或是大小莫角山、乌龟山看上去与雄伟无关，甚至可以用小土丘来形容。但试想一下，这是五千年前的先民依靠近乎双手和简易工具将黄土搬运、转移、加工，而凭空造出的。体会着脚下坚实的触感，我眼前不禁略过先民们从天光乍破到暮色四合劳作不止的画面，质朴的信仰来源于对土的感受，圆融的智慧又是水赋予的，正是这种未被外界影响的纯粹让他们完成了多达千万立方米、成就惊人的工作。相较于其他文明的都城，良渚先民对物质资源的了解和掌握达到了原始的极致。他们认识各种石料及其特性，将稻作文明发展完善，切割和磨制玉石制作礼器。《国家宝藏》节目里用想象的方式讲述了良渚古人守护家园和玉琮的故事，即便是改编，但从中可以再次印证以玉器为代表的诸种资源对良渚文明的重要性。

良渚古国在我苍白的想象里是仓廪实而知礼节的理想国度，依山傍水、富饶祥和。良渚先民更是一个值得仰视的族群，他们坚强不屈、改变环境、未雨绸缪，从踏上余杭的土地起，遇洪水即修筑水坝，需给养即种植水稻，以强大的组织调度能力创造出一方天地。

倏忽惊起，我在幻想中话别头戴玉冠、威严端立的良渚王，走完几代考古人踏过的黄土路，罔顾身上不断滴落的水珠和已然湿透的鞋子，保持着来时眺望的姿势，不断回望，好像不曾是一个闯入者，也好像不必醒来一般。

观神王之国，品良渚文化

王元秀（河南省新乡市第一中学）

7月9日，细雨蒙蒙，微风夹着凉意，一扫昨日的暑热。我怀着激动兴奋的心情走进良渚古城遗址，映入眼帘的便是满眼葱茏、碧水环绕、山丘连绵、白鹭成群，夏雨的洗礼让它们焕发昂扬的生机，"申遗"的成功让它们展现无穷的魅力。五千年前，良渚人民就在这水乡泽国创造了无与伦比的灿烂文明，而今，我们在这神王之国探寻上古的秘密，品味着流传千年的文化远香，体味着古老的文化内涵与魅力。

看古水坝，良渚人民利用天然的高山，加以垒土建坝，阻挡了奔涌的洪水，缓解了难耐的干旱。他们以智慧为瓦，用经验做砖，为自己的家园筑造了坚固的屏障；他们以无惧无畏的精神为笔，用坚毅笃实的品质为墨，为世界绘就了精彩绝伦的上古画卷。

再看玉琮，它所表现出的天圆地方，体现了良渚人民对天地的认知。从玉琮优美细致的纹路和间距不足一毫米的线条，便可想象良渚工匠对它的重视程度，用雕刻精美的玉琮来祭祀天地，足以体现出良渚人对天地无限崇尚和极度敬畏。时至今日，虽然我们对天地自然有了更多的科学认识，但对孕育万物、包罗万象的天地自然仍应怀有敬畏之心，勿竭泽而渔，勿焚林而田，顺天时、量地利，与自然和谐共处。当前，探索天地万物和未知世界的步伐仍在继续，尊崇自然、崇尚自然、对天地自然的敬畏之心永远不能缺失。

细雨如织，思绪如潮，置身良渚，感慨万千。良渚人民以不畏艰险、勇往直前的奋斗精神，展示了中华民族的伟大智慧和无可比拟的创造能力；玉琮蕴含的天人合一理念，展示了华夏民族对天地的无限敬畏，承载了中华民族五千年悠久历史和灿烂文化；"水乡泽国""文明圣地""玉魂国魄"，良渚以一个个不争的事实，向世人证明着"中华文明之光""实证中华五千年文明的圣地"实至名归。"根本固者，华实必茂；源流深者，光澜必章"。时至当下，久远厚重的良渚文化已深深融入中华民族的血脉之中，永远熏陶着我们、影响着我们、鼓舞着我们、激励着我们。展望未来，我们要倍加珍惜美好时光，不负韶华，勤奋学习，刻苦钻研，守护好良渚文化这份宝藏，继承好良渚文化遗产，延续好良渚文化根脉，让良渚文化生生不息，让中华文明发扬光大。

酬唱不拘年

蒋逸恬（江苏省天一中学）

　　初见良渚，未必一顾倾心。逐渐深入，愈发感觉一种熟悉在不断牵引。这是千古所谓的文脉也好，这是当世所说的基因也罢，文化密码总在这敬畏包裹的亲切感中徐徐浮现。

　　陶纹刻符。如若随手捡到，或许以为是小孩的信笔涂鸦，于是舍弃。但放在良渚光明的背景里，使人不禁想到，新石器时代的文化，不正是人类文明的幼童期？陶罐上的刻符，是早于甲骨文的原始文字。它很平常，或许只记述了一个普通人上山网住一只虎。但这样文字的微光被捕捉，因为从智慧的源头，人类向世界表达自我的欲望便从未中断。魏晋璀璨，人们上溯兰亭书法，能看到从甲骨文开始一步步追求美的革新历程。但书法的审美意趣，文字的工具作用，都在第一缕表达的冲动里孕育。文化的顺承与演化，从来绕不开这幼童期不经意的铺垫。

水利工程。来到老虎岭水坝，惊叹千古不倒的顽毅。自草裹泥层层堆叠的纹理，似可遥想良渚古城建造时科学缜密、大开大合的那一盘棋。秦朝意欲开发成都，李冰父子先事水利，开创都江堰，才成就一方天府之国。当代治水用水，也仰赖三峡等水利系统为民众谋福祉。防洪患，定城基，安民心，方可绵延这璀璨文明。这样的智慧，在中华的历史上或许未曾相知，却不谋而合。

良渚微雕。神人兽面上清晰工整的阴刻纹，是当今人用放大镜才勉强看清的密集。何止如此，玉琮玉钺的表面常见这一纹饰，象牙权杖上更是旋转着出现了十组纹样。想来如此的精细程度，是现代工业化机器也未必能达成的。美于细微处见真章，此番严谨缜密的态度，此番对尽善尽美的不懈追求，在如今崇仰的工匠精神上更进一步，千年前的文明之光便已为我们作出范式。

我们掘开一层层黄土对地下的良渚先民致敬，是叹服在那样一个洪荒时代，这种文化不只在为未来的文明奠基，还做到了现代人能做到的，甚至是我们做不到的。走入良渚，我们从最初将先民智慧保存进博物院展柜的疏离，到眼前真正浮现同你我一般灵动人类的亲密。由是明了，交流的火光未必限于今世，酬唱的欢欣也可穿越千年。

原来，烛火在，风烟在，我们从未孤独。

良渚赞歌

邵好婕（贵州省毕节梁才学校）

　　江南岸，微风轻拂，云影掠过，在诗意朦胧的细雨中，我终于有幸见到了深藏在五千年前的良渚文明，去揭开中华文明之源的神秘面纱。

　　在莫角山顶，俯瞰周围的翠绿自然，我仿佛跨过五千年的记忆，看到了那属于良渚的辉煌时刻。五千年前，在人工营建的台基上，宏伟的宫殿拔地而起。这不正是中国人以高为尊、以中为崇的体现？登上台基，向远方望去，良渚古城尽收眼底，在正南方的池中寺粮仓中，我仿佛看到了禾晾稻谷的场景；在东北方的瑶山墓地里，我仿佛看到了万民跪拜，祭天问神，祈求安定的时刻；在四面环绕的河网上，我仿佛看到了一舟一筏满载石器缓缓前行。但令我印象最深的当属反山王陵。当看到大批墓地出现在眼前时，不免惊讶。五千年前的良渚，生产力还很低下，竟然会有如此多的玉器作为随葬品与良渚贵族一起深埋于地下。单是一件玉琮的制作可能就要花上一个人数年的时间，而如此多的玉器是怎样被当时的良渚人制造出来的呢？一种敬畏之情油然而生。随着一件件玉器的埋葬，良渚人好像将一颗敬畏自然、虔诚于天的心，随着亲人、随着王一起长眠于地下。当我一步步地游览整个墓区遗址的时候，眼前的身影好像与五千年前的先民慢慢重叠，使我看到了这个王权与神权相结合的早期国家。这无愧是实证中华五千多年文明史的圣地！

从古城遗址到博物院，依托"水乡泽国""文明圣地""玉魂国魄"三个展厅，良渚文明犹如一幅画卷在我的面前徐徐展开。"玉"是良渚的灵魂，良渚的玉器无与伦比。而玉器作为政权、等级和宗教观念的物化载体，良渚玉器的规格等级之高、制作水平之精不仅体现了良渚"藏礼于器"的传统，更展示了良渚社会早期国家组织的形态和统一的神权信仰。这是时间风云变化的见证，亦是曾经繁华辉煌的赞歌。

考古使我们得以一窥远古良渚文明真实的过往，但考古还有很多未知的领域，所谓"地上土丘一片，地下气象万千"。只盼能从一点一滴的挖掘中去窥见更多有关历史的碎片，去揭开中华历史神秘的面纱。

文明不辍，复兴可期
——初访良渚随笔

李天娇（广东省中山市第一中学）

7月7日

"听君一席话，胜读十年书"，正应此景。

满满一天行程，方向明老师对良渚古城的介绍让我获益良多。古城中王宫旁有作坊群，发现巨木和大量玉石器半成品，等等。由此，我推测当时的手工业很发达，手工劳动经验丰富，王国经济基础和社会组织动员能力较强。

同样吸引人的是1986年发掘的反山王陵。其中12号墓葬陪葬品种类全、数量多，其墓主头顶戴着针尖状玉器头饰，手中握着玉制权杖，此般华丽，非其他墓主所能比拟。我推测，这位墓主地位崇高，且是男性。这说明当时王室"事死如生"，注重墓中奢华；而良渚王国的国力可能在这一任统治者时达到顶峰，所以才将宝贵的玉琮、玉璧、玉钺放入墓室。当然，也不排除这位墓主如秦始皇穷奢极欲、残暴一时的可能。

良渚古国的文明早已终结，不免慨叹万千；但透过吉光片羽，倾听时光里的浅吟清唱，同样令人遐想联翩。

7月8日

良渚博物院一程，解决了困扰我连日的问题：为什么良渚文化圈占据了大半个长三角的位置，但它的核心城市却偏安一隅，选址在浙江北部的良渚？这个困惑同样困扰着考古学者。历时多年，在反山王陵、池中寺粮仓、古城墙、水利设施等重大遗址被发现后，答案逐渐浮出水面。

原来，良渚西、北、南有丰富的玉、木、石等资源。城内虽然没有耕地，但城外东北方向盛产稻米，可通过发达的水运交通供给王城。至于西侧的山脉，虽然在一定程度上阻碍了城市西扩，但另一方面也阻挡了寒冷的冬季风南下。更重要的是，当时良渚王国周边环境相对和平，所以统治者不必费心考虑外敌入侵的问题，而把重心放在了大兴祭坛、王宫建造、水利建设等国内政权巩固上。

由此可见，至少对当时来说，于良渚建城，占尽天时、地利、人和。

这跨越千年的原始智慧，令人由衷敬佩；但更加值得你我歌颂的，是烙印在良渚先民的血脉里，绵延至今而不绝的勤劳与勇气。

文明入心，古城传情；你我携手，复兴文明。泰戈尔曾写道："古老的种子，它生命的胚芽蕴藏于内部，只是需要在新时代的土壤里播种。"诚愿以此文共勉：还望诸君，借一缕春风，把那岁月深处细细淌来的文化本源，种于胸中丘壑，赓续绵延、留传千年。

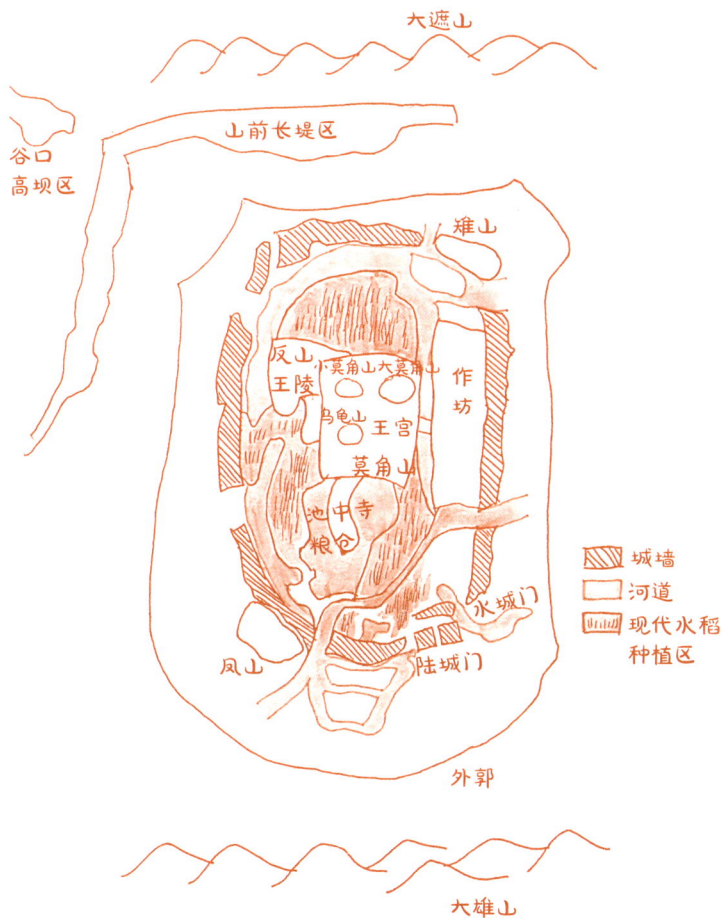

大遮山

山前长堤区

谷口
高坝区

雄山

凤山
王陵

小莫角山 大莫角山

作
坊

乌龟山 王宫

莫角山

池中寺
粮仓

水城门

凤山

陆城门

外郭

六雄山

城墙
河道
现代水稻
种植区

良渚古城遗址布局图

张若佳（中国人民大学附属中学）绘

良渚博物院参观内容思维导图

耿嘉祎（宁夏回族自治区银川市第二中学）

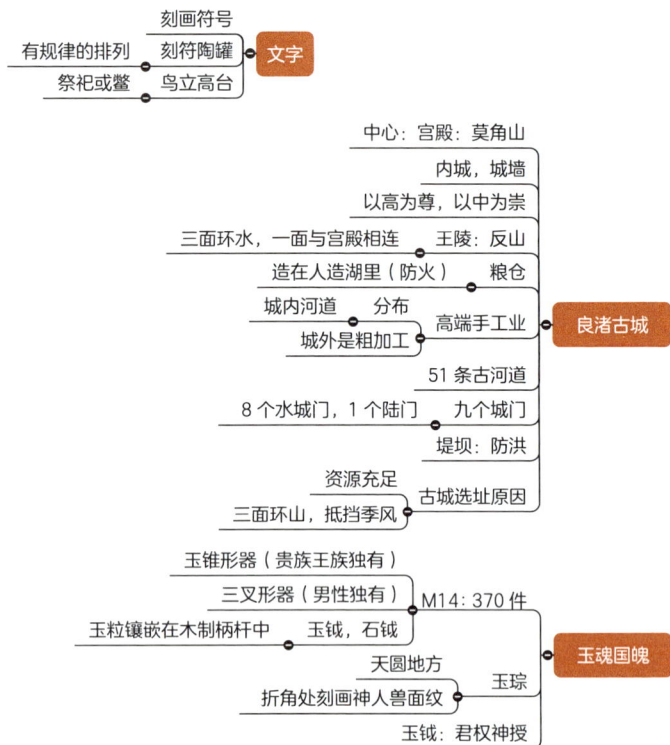

刻画符号
有规律的排列 —— 刻符陶罐 —— **文字**
祭祀或鳖 —— 鸟立高台

中心：宫殿：莫角山
内城，城墙
以高为尊，以中为崇
三面环水，一面与宫殿相连 —— 王陵：反山
造在人造湖里（防火） —— 粮仓
城内河道 —— 分布
城外是粗加工 —— 高端手工业 —— **良渚古城**
51 条古河道
8 个水城门，1 个陆门 —— 九个城门
堤坝：防洪
资源充足
三面环山，抵挡季风 —— 古城选址原因

玉锥形器（贵族王族独有）
三叉形器（男性独有） —— M14：370 件
玉粒镶嵌在木制柄杆中 —— 玉钺，石钺
天圆地方 —— 玉琮
折角处刻画神人兽面纹
玉钺：君权神授 —— **玉魂国魄**

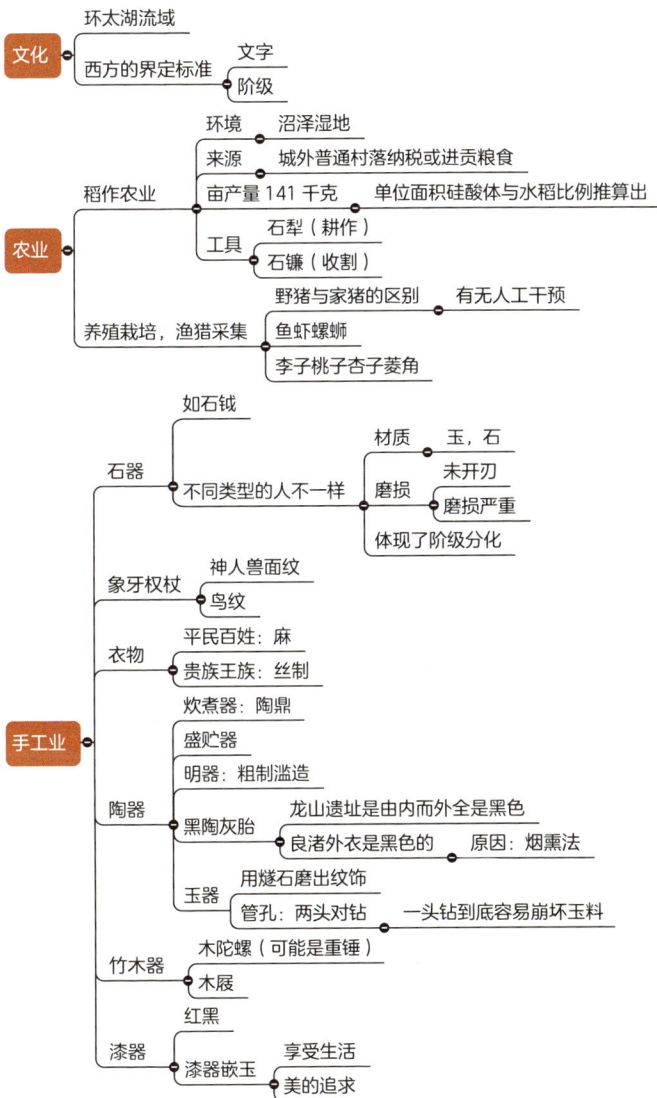

文化
├─ 环太湖流域
└─ 西方的界定标准
   ├─ 文字
   └─ 阶级

农业
├─ 稻作农业
│ ├─ 环境 ── 沼泽湿地
│ ├─ 来源 ── 城外普通村落纳税或进贡粮食
│ ├─ 亩产量 141 千克 ── 单位面积硅酸体与水稻比例推算出
│ └─ 工具
│   ├─ 石犁（耕作）
│   └─ 石镰（收割）
└─ 养殖栽培，渔猎采集
   ├─ 野猪与家猪的区别 ── 有无人工干预
   ├─ 鱼虾螺蛳
   └─ 李子桃子杏子菱角

手工业
├─ 石器
│ ├─ 如石钺
│ └─ 不同类型的人不一样
│   ├─ 材质 ── 玉，石
│   ├─ 磨损
│   │ ├─ 未开刃
│   │ └─ 磨损严重
│   └─ 体现了阶级分化
├─ 象牙权杖
│ ├─ 神人兽面纹
│ └─ 鸟纹
├─ 衣物
│ ├─ 平民百姓：麻
│ └─ 贵族王族：丝制
├─ 陶器
│ ├─ 炊煮器：陶鼎
│ ├─ 盛贮器
│ ├─ 明器：粗制滥造
│ ├─ 黑陶灰胎
│ │ ├─ 龙山遗址是由内而外全是黑色
│ │ └─ 良渚外衣是黑色的 ── 原因：烟熏法
│ └─ 玉器
│   ├─ 用燧石磨出纹饰
│   └─ 管孔：两头对钻 ── 一头钻到底容易崩坏玉料
├─ 竹木器
│ ├─ 木陀螺（可能是重锤）
│ └─ 木屐
└─ 漆器
   ├─ 红黑
   └─ 漆器嵌玉
      ├─ 享受生活
      └─ 美的追求

101

奇迹看良渚

金宛怡（江西省高安二中）

良渚文化是中华文明的曙光。在良渚，我听到了千年文明的吐息，看到了那历经沧桑依旧不朽如初的奇迹。

奇迹

1. 气势恢宏的水利工程

2. 巧夺天工的精致玉器

3. 成熟完善的生产体系

对于这些奇迹，我叹服于先民的智慧。而对于那些化作历史尘埃的古建筑，我惊叹于历史的无情。对于他们的繁荣与兴盛，我从一隅边角管窥蠡测，也有一些自己的看法。

个人看法——关于奇迹的原因

1. 农业的进步

良渚文化时期稻作农业已经相当发达，水稻单产已经达到了 141 千克，且已经出现了容量极大的粮仓。良渚人进行了野猪的驯化，出现了原始家猪，猪肉的食用比例在良渚文化时期高达 64%。良渚人还以菱角、芡实、橡子为食，作为一定补充。此外，农业生产工具也取得了突破性进展，出现了一整套的农业生产工具，从耜耕农业发展到了犁耕农业。而城乡分野的形成，使农业生产颇具规模，也有利于技术的推广与传播。这些都为良渚文化的兴盛繁荣及严密的社会分工打下了坚实的物质基础。

2. 区域性早期国家的形成

良渚时期已经出现了国家的权力与调度。良渚完善水利工程的背后，是数万良渚人经年努力。但倘若没有强制性国家权力作为支撑，恐怕很难高效高质地建成如此雄伟的工程。且可以看到，良渚古城宫殿区、内城、外城组成的城址区空间布局有着较为严谨的规划，这与国家权力的强制性密不可分，也反映出区域性早期国家试图利用空间秩序建立和强调权力中心场所，明确社会阶层差异。

3. 严密的社会分工

良渚时期已经出现了专门的工匠，在钟家港沿岸有众多的手工业作坊，有利于手工技术的传承与进步。在玉琮一毫米的间距内雕刻五六条细线，在当时生产条件下，令人叹为观止。良渚古城内并未发现稻田，而在远郊发现了集中连片大面积的稻田，可见当时已初步实现城乡分野，这有利于区域专业分工的形成。专业的社会分工与严密的区域分工，不断推动着技术的发展与进步。

4. 共同信仰的形成

在良渚文化中，作为统一神徽的神人兽面纹，在多种礼器中大量出现，反映了当时具有普适性的价值追求。长期生产生活中自然形成的神灵信仰，在被统治者利用以巩固王权的过程中日益强化。瑶山祭坛露天而筑，祭司们率领众人举行宗教活动祭祀先祖敬仰神灵。共同信仰将他们凝聚，陈明辉老师也说："良渚大坝的建造，离不开当时良渚人共同的信仰支撑。"良渚文化中关于神的加入，使这个文明更加紧密与团结。

个人看法——关于良渚灭亡的原因

1. 海侵

良渚海拔极低，仅在海平面以上两米左右。在良渚文化晚期，全球气候变暖，海平面急剧上升，淹没了农田低地，良渚人失去了赖以生存的物质基础，故最终走向灭亡。而当海平面下降，气候恢复，马桥人从厚厚的淤泥下发现了这个被埋没的文明，因为严重的破坏与外来文化的冲击，也只能吸收部分而已。

2. 社会腐朽

社会分化固然是进步的表现，但一旦过度甚至固化就有可能导致腐朽与灭亡。良渚王室墓葬与平民差异极大，大到我都难以置信，在那样一个年代，阶级之间的差异居然都会如此明显。贵族首领的日渐奢靡，普遍追求享乐的社会生活，非生产性劳动支出的不断扩大，都是文明下的隐忧，而这些导致了对外战争的失败，我想，可能是其没落的直接原因吧。

文明的兴衰就是这么奇妙，我为其发展摇旗呐喊，亦为其陨落拊膺长叹。那草包泥技术，那精微的刻线，都让我赞叹不已。而那湮灭于历史的宫殿，那被盗的墓葬，都让我痛心无奈。

良渚人用智慧与勤劳铸造了亘古流传的千年奇迹，是中华五千年文明史的实证，是值得我们所有华夏儿女为之骄傲的奇景。传承与延续，是我们当代人的使命。用最好的年华去抵押、去担保长夜中微弱的光亮，只愿这奇迹，能永远流传。

参观手记

徐艺滔（江苏省沭阳高级中学）

2019 年 7 月 9 日　星期二
良渚博物院文物介绍

瑶山三叉形器

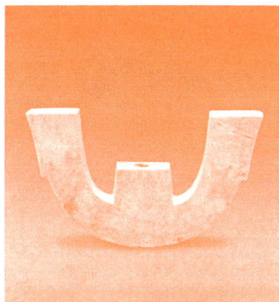

瑶山 M7: 26 玉三叉形器，高 4.8 厘米，宽 8.5 厘米，厚 0.8 厘米。有黄色瑕斑。左右两叉平齐，中叉较低，且有竖向直孔一个。一面刻纹，另一面光素。左右两叉均刻侧面相向的神人头像，神人头戴羽冠，方形脸庞，单圈眼，嘴内阴线刻上下两排整齐的牙齿。中叉上端饰五组直向羽状纹，表示羽冠，以此象征正面神人像；下端阴线刻兽面纹，有象征性的圆眼、狮鼻和獠牙。是神人和兽面的另一种组合形式。

神人兽面纹

良渚文化玉器的主宰
良渚社会
原始宗教信仰
统一和认同的标志

→ 介字形大羽冠 象征着天，弯肘叉腰的神人 王权神授

→ 重圈大眼 以浅浮雕和阴线两种技法雕琢

107

良渚博物院参观笔记

邓洁芮（四川省成都树德中学）

良渚博物院

一、第一展厅：水乡泽国
- {良渚文化：环太湖流域 600 多处
  {良渚遗址：浙江余杭区和德清县内
  良渚古城是良渚遗址的中心，良渚遗址是良渚文化的中心
- 1936 年施昕更首次发现，1939 年梁思永认为与龙山文化（黑陶）有关，1959 年夏鼐先生命名
- 马家浜文化→崧泽文化→良渚文化（史前文化高峰期，可能因洪水而衰落）→钱山漾文化→广富林文化
- 区域性的早期国家
- 稻作农业，良渚人因田埂把稻田分块（与现代类似！）
  田埂普遍 $1000m^2$，max $2000m^2$ →水稻田离古城约 30km
- 石犁已普遍使用，但牵引力尚不得而知
  →只有野牛脚印而无人脚印和犁印→野牛活动而非牛犁
- 古城内未发现水稻耕作的农民→城乡分野结构
- 猪肉被大量食用，一岁至一岁半被吃→家猪（原始家猪，人工管理，但非现代猪）
- 有人工栽培、人工管理的蔬菜，田螺山遗址发现大量菱角（淀粉类食物）→采集为主
- 石器：良渚人已经用不同材质、不同硬度的石头磨制不同的工具
  →石钺作为礼器随葬出现高下之分（等级分化非常明显，最高等级墓葬有最好的）
- 当时有纺织技术，有麻布（当时不是衣不蔽体的时代了），丝绸不明确→钱山漾文化明确
- 良渚人使用大型木构件
- 陶器：炊煮器内部有棱（很可能蒸煮分离），吃稀饭；有酒水器、过滤器（常从女性墓葬发现，可能为女性分工）→良渚很可能有了酿酒的技术
  →陶器也分等级！

- 漆器：良渚主要是红和黑搭配，木胎
  →髹漆的层数常是身份地位的一个标志
- 漆器嵌玉：玉是真玉粒，木料是<u>河姆渡遗址</u>（约7000年前）脱水保存的
- 玉器：主要有线切割和片切割，代表中国史前治玉水平的最高峰：玉琮王微雕1mm（比指纹还细）5到6纹
- 良渚只有符号没有文字，单个的符号<u>不具备连词成句的文字功能，只能表意，连续的符号找不出它们代表的意义，所以只能代表"原始文字"，不能称之为文字系统</u>

二、第二展厅：文明圣地
- 良渚：美丽的小洲→湿地→台地
  →可用来防涨水
- 反山：迄今发现的等级最高的墓葬区
- 池中寺台地："皇家"的粮仓
- 钟家港台地：作坊
- 美人地、卞家山：平民区！（拥有大量生活垃圾）
- 瑶山遗址：祭坛（早期）和13座高等级（晚期）墓葬
- 莫角山宫殿区：最高 & 最核心
- 水利的年代和古城营建时间差不多（5100—4900年前）包括11条水坝、2处溢洪道，蓄水量3倍于西湖（可能兼有防洪、调水、运输、灌溉等诸方面作用）
- 大型工程的有序营建→<u>国家形态</u>
- ▲ 良渚申遗→国际承认中华5000年文明，填补了东亚地区早期文明的空白

三、第三展厅，玉魂国魄
- 反山M14：组合式玉器
- 琮（内圆外方→天圆地方？）是良渚人首创的，最开始作佩戴装饰，后逐渐丧失这个功能
  →玉琮是良渚人对<u>神明信仰</u>的载体，是<u>神权</u>的高度象征，为礼器祭祀用
- 玉钺：象征军权
- 瑶山（5300—5100年前）没有随葬玉璧→早期不存在玉璧
- 神人兽面纹：江浙沪地区统一的纹饰，反映了<u>整个良渚社会在精神领域的高度认同</u>

（反山·王陵）
（王宫·莫角山）（百工）
（粮仓 20万千克）

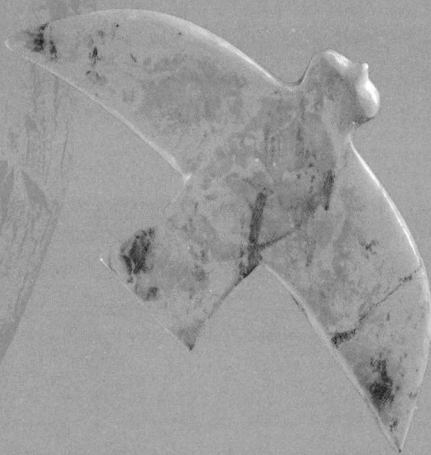

贰

初荷新声

文明絮语

大家印象

心之所向

伟哉良渚

梁芸萱（吉林省辽源市第五中学）

我闻在昔，圣人有言："观乎人文，以化成天下。"

早岁初知良渚，心激荡之久，莫可名状。后读史览文，虽年幼，不解其意徒求其表罢，而心非木石，岂能无感？今忆昨事，偶有所得，记以再省之。

尚古之风日行日盛，"与古为徒"为匾题，正有惑意书写——何去何从。发问穿彻千年，未聆见回音。

中华文化何能传至今？此一难对。若答历史，哪国无史？若言人民，何地无民？余欲求中华文明之程，卒获论溯源传承之力量，正乃考古之责。

万世辉煌于漫长中泯灭，灰烬掩映下尚有炽烈余热，温养迷茫困顿之心，拼合破碎四散之时。考古人便穷尽黄泉碧落，行走万顷广阔，纵溯千古恒久，横渡八荒远游，以求之回声。

若言求本源，良渚则本源甚深。若喻承情怀，良渚则情怀益盛。其之风骨，亘立于层叠的山脊上，根植于宽茂的土地下。良渚之稻，炭化得留存千年；良渚之玉，深埋以善安日久；良渚之风，穷究而窥探一二。

《周礼》有载，"以玉作六器，以礼天地四方，以苍璧礼天，以黄琮礼地。"天地泛泛间，考古犹如苏秉琦所言之满天星斗，吾见良渚文明熠熠生辉。

夫中华，泱泱兮大国。今畅作巍巍华夏，见江山犹在，见河清海晏，见国泰民安。遂挥笔而就：以古鉴今。

愿我国人，能常守本。

盼我华夏，灿作光华。

考古与历史有感

孙紫瑜（北京市广渠门中学）

浙江的梅雨季节，走得依依不舍，每一片雨云都不甘为骄阳的烈焰打倒，终于，华灯初上之时，飘起了不成线的雨丝。

夹起纸稿，刀笔入"鞘"，归随倦鸟，这一天没有街市的喧嚣，只有对历史文化的远眺和对未来的思考。

人生不过几十年，至多也不过百余年，总给人"天地曾不能以一瞬"之感，但时间并不能带走一切，因为我们仍可以从凝固在一片片陶片瓦砾的悠长呼唤中，隐约听到数千年前祖先的声音。何为考古？我认为，通俗地说，考古就是"从原野的沙粒中发现一个世界，从凝固的时间里辨认一种文化"。今天的讲座便带给我如此的触动。人们常说："历史是属于王侯将相的"，的确，历史是筛子，史官拿着筛子，筛出了秦皇汉武、起翦颇牧，却忘记了良渚，忘记了太多没有文字也没有传说的辉煌。而考古是显微镜，凡入镜者皆可放大，考古从黄土地中成就了良渚，良渚也灿烂了考古。

今天的讲座不仅让我走近考古，更让我重新发现考古。我原以为，考古只是从历史留下的鼎簋罍卣的铭文或图案中读取一个或许家喻户晓抑或不为人知的故事，但今天，我被老师的话深深打动："挖到的并不是历史，只是历史的碎片、历史的素材""文物不只有博物馆里干干净净的文物，更要看到文物背后的时代"。考古，是用手铲小心翼翼地从不同地点清理出一片片凝固的时间残片，拼接成过去的社会——时间的容器，从容器的狭小缝隙中窥探、想象先人们的生活。

这些就多多少少地回答了我昨天的问题：历史文献和考古文物的关系是什么？我认为，同文物一样，历史文献也可以说是历史的碎片。此二者分别作为第一手、第二手史料，有着极高的研究价值，但历史文献是人记人事，故其真实性达不到实景再现的程度，而文物却是静默的，无论被刻上文字与否，其材质、工艺是不会欺骗后人的，所以，在某种层面上说，文物与文献是互证的关系。同拼图一样，碎片与碎片相合，拼出的或许就是历史大环境的某一个侧面。从另一方面来讲，历史文献和考古文物也是相辅相成的。历史文献也可以是针线，像串起散落的珠子一样串起历史，从而产生更深刻的想法见解。

把目光从宏大的历史视野中收回到良渚，有太多的期待，我期待着明天，期待着从一片片陶、一座座山、一阵阵风、一滴滴雨中，辨识出良渚先民们沉重的呼吸和凝重的目光，它们穿越千年成为传奇，并因传奇而不朽。

玉魂国魄，良渚长歌

曲志宏（山东省邹平市第一中学）

"此中无限兴，考古可醉人。"水光潋滟之中，我有幸走近了实证中华五千多年文明史的圣地——良渚古城遗址，在这片神圣而又亲近的土地上，感受良渚文明玉魂国魄的无限魅力，体味北京大学考古的独特情怀。

正值良渚古城遗址"申遗"成功之际，方向明老师为我们讲述了良渚圣地和她背后的历史故事。拨开层层云雾，探索历史真知："藏礼于器"承载着良渚先民们对权力和信仰的追求；完备的外围水利系统闪耀着先民们的伟大与智慧；丰实的粮仓中承载的不只是稻谷，更彰显着良渚古国那雄厚的经济基础与先进的生产方式。

而玉，作为良渚文明的灵魂，承载着中华民族厚重的历史，诉说着五千年的中华文明。在良渚博物院的所见所闻，更是让我对良渚玉文化增加了一份敬畏与崇拜之感。

那是玉琮，自五千年的陵墓中款款走来，带着权力，带着信仰。内圆外方，中部贯穿，玉琮以其独特的造型彰显着良渚先民们的天地宇宙观，承载着先民们通天地敬鬼神的愿望与信仰。

那是玉钺，一把长斧，玉粒繁缀，长埋于地下却从未黯淡其光辉，穿越千年，"王气"满溢，那象征着权力的光辉令人心生敬畏。

而在今天，玉又何曾远离呢？"谦谦君子，温润如玉"，"陌上人如玉，公子世无双"。美玉成为君子美好品质的象征，为人们所喜爱和推崇。这才明白，什么叫作传统文化的继承性，什么叫作中华文明的绵延不绝。

是啊，中华文明源远流长，博大精深，而这一切，需要传承，需要探索，需要情怀：一份对文明坚守的情怀，一份对考古热爱的情怀。"上穷碧落下黄泉，动手动脚找东西。"洛阳铲铲地数尺，土色亦数变。那一铲铲落地，一铲铲都承载着我们对华夏文明的探索精神，对未知墓葬的求索与探寻。手铲刮地发出阵阵清脆声，脚染红泥，于盘山路前行。人们的脚步从未停息，文明的传承亦未中断。

玉魂国魄，文明不息。"今天是良渚文明的朝圣者，明天做良渚文明的传承者。"我愿以身带薪，将生命释放于大地长天、远山沧海，长颂良渚文明之歌，声声响彻祖国山河。

我在良渚学考古

陈云帆（福建省晋江市第一中学）

发现历史——北京大学考古暑期课堂第三天日记

在来杭州之前刚刚看了《我在故宫修文物》的纪录片，里面有位老师傅说，别人修东西要让人看不出修改过的痕迹，而我们修文物必须让人们知道这是修补过的。今天在良渚博物院参观的陶器展品就贯彻了这个原则，修补过的地方完全没有要遮掩的意思。五千年前的陶土和今日的石膏略带违和的结合让我产生了一种时空错乱的感觉，同时也感受到文物修复者想传达给我们的历史的真实性。虽然这些破碎的陶器已经由文物修复师修复，但它终究不是五千年前原本的模样了，就算它保存完好、不需要过多的修复，它所归属的时光也终究是五千年之前的历史了。

今天看到的展品，其实都是昨天讲座里提到的"历史的碎片"。我们或许永远无法证实自己对过往的猜测是否正确，但这种不确定性让我对考古工作有了更大的兴趣。我的领队杨老师说，考古就像破案一样，需要研究者根据出土的文物去推测当时的情况，更有甚者需要通过实验来证实。昨日的日记里我错误地使用了"挖掘"一词来形容考古工作，杨老师告诉我应该使用"发掘"。直到今天我才深切地感受到考古不仅仅是单纯的挖土掘地，它还需要我们运用想象力合理地还原历史，也可以说是"发现历史"，所以用"发掘"这个词来形容考古工作是相当合适的了。

下午我们近距离接触了良渚文化，大家对大小莫角山和乌龟山的"山"发出疑问，我觉得那甚至算不上丘陵，顶多算个土台。但后来当我站在大莫角山顶时，大风无所阻碍地吹拂过我，我所感觉到的是世间的空旷与博大，而后又想到这山是五千年前完全依靠人力堆建而成的，就又重新对脚下的土地产生了敬畏。

文明就是这样一个把山丘越堆越高的过程，也正是因为有脚下这个小土台，才有了今天的高楼大厦。

留下痕迹——北京大学考古暑期课堂第四天日记

今天拿到了日思夜想的手铲，更惊喜的是手铲上还有北京大学的标志，希望这把手铲可以通过安检，让我带回家留作纪念。当然，我更希望我能再次使用它，而不仅仅让它成为一件纪念品。早上刚下过雨，工地泥泞不堪，但已经比我们想象中的好很多了。也正因为下过雨，泥土比较松软，挖起来不太费劲。但通过今天的体验，我觉得用手铲干的活不能算挖土，只能叫刮土。考古工作者用它在地表上刮出一个平面，然后通过这层平面判断地底下有没有人类活动的痕迹。我虽然近视，但平时不喜欢戴眼镜，小时候也没怎么玩过泥巴，所以根本没有在意脚下的土地长什么样或者是什么颜色。今天蹲在墓坑上近距离接触大地，第一次发现泥土还有颜色的不同，很新奇。我按照老师教的，把食指握在手铲的边上施力，铲了两下就感觉食指要被磨出茧子来了。所以考古真不是单凭兴趣就能做好的工作，身体素质也是很重要的。后来罗老师让技工老师给我们展示洛阳铲的使用方法，很可惜我没能亲手试一试，但同学们的表现透露出这也是一个力气活儿。比较让我惊讶的是，还没三分钟，洛阳铲就可以打那么深的洞了，效率还蛮高。我铲土时没有挖出任何东西，连大一点的石块都没有。据罗老师说，我们上山时脚下踩的砖也是墓里挖出来的。我在走路的时候没啥感觉，他这样一说我就觉得那段路还挺神圣的。考古工作者整天和历史打交道，不像我们这帮小屁孩动不动就产生历史的沧桑感来。于他们来说，历史就是脚下所踩的砖石，我们踩着这厚实的路，不断向前走。

我觉得古人的生死观十分有趣，他们认为生是短暂的，死才是永恒的。到了今天，那些人连尸骨都腐烂了，只有个棺椁留了下来。《三体》里说，留下痕迹比创造文明更难，即使在科技发达的今天，我们能做的也只是远古婴儿所做的事，把字刻在石头上。所以说，人类文明和脚下这片土地比起来真的太短暂了，我们没出现时，它们就已经在那了，等我们都消失了，它们说不定还在那里。这样想就能想明白考古的意义，大家所做的就是发现前人留下的痕迹，同时也给我们自己带来留下痕迹的希望。

随　想

李之仪（重庆市第一中学校）

　　和同学们一起外出游学的第一天，欢乐与收获并存。全天讲座，伙食超棒，专车接送而且冷气到位，开局适应良好！

　　良渚古城遗址"申遗"成功的消息着实令人兴奋。中国现在走得很快，这是值得骄傲的事情，但向前走得越远，我们就越应该回过头去发掘自己民族的根，不然很容易在繁华喧嚣中迷失自己的方向。在与同学的交流中，有人将传统的东西比作"包袱"，认为一直背负它们会拖累我们前行的步伐，所以需要舍弃。但在我看来，传统不是累赘，而是能在漫漫长征路上为我们提供帮助的拐杖、绳索、指南针。拥有传统的民族，哪怕分散在五湖四海，也会在某些时刻心心相印，感受到千百年来传承不歇的温度；失去传统的民族，则虽定居故土，仍惶惶如异乡游子、无根之萍。

几位老师的讲座学术性特别强，是真的非常厉害，印象最深的还是良渚的玉文化。似乎很少有一个民族像我们中华民族这样对玉石有一种神圣化的崇拜，就连形容一个人风度翩翩也是夸他"温其如玉"。在我看来，这样的信仰是很好的，很少有比信仰更能促使我们从内心深处自发地去约束自己行为的力量了。直至今日仍有很多西方人信仰宗教，虽说这的确与现代科学的认知脱轨，甚至可能沦为不法之徒控制人们思想的枷锁，但信仰对个人乃至群体的驱动作用也是不可否认的。我们中国人也有自己的一套伦理道德的东西来约束自己、激励自己，但这种文化体系也在现代文明冲击的浪潮中逐渐淡化。我们现在正在想办法重拾这些传统，我对此亦抱有极大的信心，希望能有机会为之贡献出自己的力量！作为一名文科生，这种"为往圣继绝学"的责任担当，总能在无数个漆黑的夜晚带来莫名的感动和继续探索的勇气，也是一种精神上的鞭策吧。

最后，真心感谢常老师的指导！虽然我完全是考古专业的外行人，也是抱着"考古专业好帅啊"这样幼稚的心态在向您请教，但能得到这么多宝贵的经验也是意外之喜。

平水小岙考古杂记

李钰堃（山东省邹平市第一中学）

雨打窗棂，一夜潇潇。晨起雨声已尽，隔窗窥见零星人影和二三鸟雀，唯太阳只露半只眼，让天空也沉着脸。来个深呼吸，跳进怀抱的是夏天的风，还掺着泥土微微润湿的甜。

一路向南，在绍兴，我们追上了太阳。

一重山门，两处颜色。门里千年大墓幽深寂静，徐斐宏老师的讲解耐心细致；门外夏日森林郁郁葱葱，村舍人家的茶园就在路旁。跨过门槛，仿佛跨过了千年的时光。

吃过午饭，终于站在了库房门口。小小的院落，倍感亲切。精致的斗拱，严格的规矩，让我体验到古建筑的美丽和考古人对历史的尊重。

当手铲交到我手上，梦想因而有了分量。我试着经营好我的探方，但偶尔笨手笨脚下歪了铲子，有时用力过猛晃到了自己。我和队友们肩并肩，一起挖土，会羡慕其他队有砖块出土，但也互相鼓励，不放弃希望。工地的黄狗活泼地跑来跑去，泥巴路上印着花纹各异的足迹，不觉时间已飞逝。

日头西沉，在工地里四处流连。我拿着相机，本想纪念文物出土前美丽的等待，可颓圮的墓壁，硕大的盗洞给我泼了冷水。挖掘机推土的痕迹，如一道道伤疤，控诉着暴行。如果人类挖掘历史，是为了把时光变现，透支前人的遗产，换取个人的私利，这怎么不是对历史的轻视、对文物的亵渎，怎么不是对私欲的放纵、对同胞权利的侵犯？当我们为物欲的追求不择手段，我们所伤害的不仅是一件件文物，更是一个民族文化的根脉。

我站在土堆上，远望是一幢幢多层别墅，近看是遗迹无声的挣扎。我想起同学们的期待，想起早上韦正教授的"车上讲堂",想起仓库的老师眼里的光芒,手里手铲的分量仿佛更重了。这是争分夺秒,呵护国宝的重量;是走遍祖国,宣传文保的重量;也是穷其一生,倾听文明的力量。我国文物保护面临尴尬的现状,我们每个人都应该为了更好的局面尽心尽力。

"任凭大雪封山,鸟兽藏枝头,只要我们有火种,就能驱赶严寒,带来光明和温暖。"小呙工地带给我的快乐和遗憾如同冰火,交织在我心田,令我永世难忘。不论日后是否有幸从事考古工作,田野实践的快乐永远是我珍贵的记忆,对盗墓的愤怒、对文物流失的惋惜和遗憾将永远激励我为文明存生命、为人类续火种。

水光潋滟晴方好，探古寻幽正当时

杨婧艺（四川省绵阳中学）

时维七月，序数季夏。高朋满座，咸聚浙江。童子何知，躬逢盛饯。识泰斗俊才之风，结宗悫终军之友；赋落霞孤鹜之章，行破浪缚龙之志。探良渚之遗迹，识考古之魅力；叹畴曩之心迹，表今朝之见闻。

江南好景，万里晴光；绿水荡漾，绿竹猗猗。初到杭州，只恨未携毛诗一卷，坐在湖畔念"关关雎鸠"，遥念远方窈窕淑女；亦愿携两三好友，览杭越风光，桂楫兰桡浮碧水，踏芳共登苏小墓。幸甚至哉！于无限好景之外，此地还有更美的邂逅。

莲池，远黛。走进良渚博物院，黄洞石建筑映入眼帘，墙身远观如玉，古朴大气。再看讲座大厅，高大的玻璃落地窗与质朴刚硬的木质硬山顶和谐地结合，展示着一场历史与现实的相遇、一次人类与时间的凝望。

初探良渚，初识考古，我已能感知到它那吸引着一代代考古工作者投入毕生精力的强大魅力。

"此中无限兴，考古可醉人"。考古之兴，于何处醉人？"申遗"成功，举国共乐。从瑶山到反山，从古城到水坝，从偶然发现到世界瞩目，在一代代考古工作者历经八十年的发掘下，我们得以欣赏到这一熠熠发光的史前文化奇峰，解读中华上下五千年的文化密码。就在脚下的这片土地，古代先民生息繁衍，伐巨木、起宫殿、建祭台，一个早期国家于此诞生。浙江省文物考古研究所的方老师为我们介绍了良渚文化的发现、发掘与研究历程。我惊叹于考古工作者透物见人的功夫：从棺中玉器辨得身份性别；从仓中存粮算得国家规模；从玉上图纹窥得古人信仰。考古好像是一面反映时间的镜子，它透过遗物遗存观察历史，守护着社群的共同记忆，从细枝末节中触碰到未曾经历的世界，从树叶的一纹脉络中研究一片未知而迷人的森林。

而韦正老师的讲解幽默风趣，博引诗词，短短两个小时让我感受到他有趣的灵魂与北京大学考古学者的情怀。"考古面对的是烈日，是黄土，但发掘的是文化，是关照，是情怀，是与远古的共鸣。""满身尘土，在烈日炙烤下蹲伏挖掘，在苦风凄雨中测绘遗址"，考古工作者乐在其中。我敬佩他们对考古事业的赤诚。在韦正老师谈到自己挖掘的文物时，他眼中那一份守得云开见月明的成就感也令人羡慕。

"江南好，风景旧曾谙。"讲座结束时，窗外已是烟雨暗、柳斜斜。邂逅良渚的第一日就让我难以忘怀，令我更加期待之后的旅程。写下此篇日记，我激动的心绪稍平。历史沉默如星，遥远而明亮。我听见心中的小溪潺潺流淌，穿越拔地而起的钢筋森林，冲过霓虹灯构成的煌煌白虹，越过渺远的人声，于时移世易的世界里，回溯远方。眼前浮现的是今日良渚的稻田绿浪、白鹭翻飞，心中涌起的却是那片古老的土地带给我的感动与战栗。个人，沧海一粟，云天一埃，但人类的传承一代代延续，也必将在宇宙中留下自己的印记。远古，现在，未来，永远在这种精神意义上永存。一个个不同又相似的灵魂跨越时空相互关怀，必将形成一种强大的生命磁场，一股克服时间的不可逆而溯流的力量，给予人如何在精神意义上永存的阐释，赋予生命以索引，从永逝中涅槃出永生。

我看到皎洁的月光之下，良渚古城的王携着他的王后，于如此一个夜晚登城楼远眺。如梦如醒，有天地始开，鸿蒙肇判；而云破月来，月华流照，是一轮月亮在水里看见了另一轮月亮。

2019 年 7 月 8 日于浙江杭州

随　感

陈奕菲（西安交通大学附属中学）

Day1：一个不愿意誊抄笔记的人抒发的一些感慨

神木石峁到余杭良渚，空间上万水千山，两处神像的完美重合，活跃的思想，思维的碰撞，人类探寻自身发展规律的脚步正在考古发现的不断推进中，逐渐逼近真相前虚掩的大门。

五千年前到 1936 年，沉睡在杭州连绵起伏的低山丘陵中的良渚文化遗址，终于在一铲一方中苏醒；此后到 2019 年，几代人艰苦卓绝的奋斗，终于将良渚古城送上阿塞拜疆那个她当之无愧的位置。那些水坝的遗迹，早已不仅仅是沧海桑田的变化，而那些墓葬中的玉器，却仍然露出润泽的光芒。看到方向明老师画的卡通版墓主人和他们的随葬品，颇有垃圾分类里认识小猪佩奇的趣味，很多人笑了。不错，我也笑了，可是很难再笑出来。这些可爱的粉粉绿绿的小东西，其实早已是长眠在大自然物质轮回中的先祖的幽灵。当这些散落在连骨殖也不剩下的土壤中的玉器重回主人的身上，似乎时光也倒流回五千年前那个神秘而富有活力的原始部族时代，似乎看见那些玉佩玎珰的贵族和跨溪劳作的百工，汗落如雨的农夫和寻寻觅觅的采玉人，似乎看见在这片土地上曾经生活过的所有人的身影，重重叠叠，熙熙攘攘。而除我之外，又无一不是历史尘埃中的海市蜃楼。

敬畏与神圣油然而生。

"多跑，多看，多挖，多想。"考进北京大学，和老师一起跑遍天涯海角，史上最浪漫的事也不过如此。

看到神木雕刻，忽然想到贺兰山岩画。很久没有像这样凝视着文物古迹"兴"过了。

看到镜泊湖畔没有道路的森林山坡，想起腾冲寂静的火山群，那阳光穿过叶子和鸣叫的鸟，我最终放弃了下到山口在玛尼堆上加一块石头。

和老师一起跑路！否则，行万里路无非是夕阳红旅游团的自拍之旅。

不读书行不好路，今天这个想法得到了肯定。

"在固定不变的小范围里兜圈子是没有新的意义的。"从中原中心说到满天星斗说，不断出土的文物，不断发现的遗迹在理论与认识的演进过程中地位极其重要，但也只能是必要条件之一。开放的思想，对于真理的执着追求，推翻改进已有结论的勇气在人类认识自己的过程中发挥着同样重要的作用。

"根植于各地古文化中，形成自身特色和发展道路。"不同的地域孕育出不同的文明，不同的文明衍生出不同的价值观念与发展道路。承认自然存在的多样性，就必然包容文化的多元性，而千百年来形成的兼容并包的中华文化，不但是文化交融的最好见证，更是文化自信深植的基础。

考古人的坚持与严谨

李昕澎（北京市十一学校）

"你来人间一趟，你要看看太阳。"不知怎么的，在今天的活动过程中，这句话在我的头脑里来来回回地转。未来不管是不是能够再进入考古学的殿堂，我觉得有机会来看一看，哪怕如同"高山仰止，景行行止，虽不能至，心向往之"的最低度期待一般，也让我此行无憾了。其实要看的也不只是太阳，是这"熙熙攘攘"、变化万端的人间，更是脚下可及的那片黄土。

接触考古学，就像是抬头仰望，而亲身接触考古学人，是一种距离更近的钦敬。他们坚定、无私、勤勉、正直，而且时时怀着一种对待文明和历史的谦逊，就像是考古时弯下身子、全心全意去感知的动作一样，铭刻在他们的血脉里。考古人希望能够通过对实物的研究实现对宏大悠久的文明图谱的理解，但他们坚持"毋意，毋必，毋固，毋我"的品格，避免武断和臆测。韦教授有说过很多个"还没有弄清楚"，比如时代之间瓷器具体的变迁和继承关系，因为证据尚且不足无法得出结论，我其实想问到底怎样才可以得出清楚明晰的结论，因为时间原因没有开口，但我可以猜想它的困难程度和价值。这是一种踏实的学风，更是考古人自我的修持和追求，作为历史和现在的摆渡人，即使时光难以挽留，往昔却不该忘却，不留下自己的一丝一毫，而是尽自己所能，越过冰冷的器物投向鲜活的个体，找寻答案。

考古与考古人的魅力

郭子维（湖南省桃源县第一中学）

今天主要是考古的理论部分，听了三堂讲座。虽然只是理论讲座，但老师们所准备的内容和本身风趣的风格并没有让今天显得枯燥无味。

上午听了方向明教授的讲座后，我首先感到的是惊讶，因为在此之前，良渚很少出现在大众媒体上，来这里之前我也仅仅认为这只是近十几年新发现的一个遗址。但事实却是，良渚文化从 1936 年就开始被考古学家关注，并且在不断质疑和反复论证中才得以被确认，这一过程耗费了几代人的心血，也足以说明考古绝不仅仅是拿着铲子下地的"粗活"。

这次讲座也的确让我更全面了解到了良渚"申遗"

成功的意义，之前仅知道良渚古城遗址使中华上下五千年的历史有料可察，就仅仅是这种新闻天天报道的"意义"，却不知道良渚文化也是对传统的"中原起源论"文化史观产生冲击的论据之一，而其对长江中下游的文明发展的深刻意义更是平时新闻上不会提到的部分。其中最让我关注的，是方教授由稻田的面积和其他几个估计量，合理地推算出良渚古城的可能人口数量和基本的生存生活风貌，虽然这种方法看似简单，但真正将手中的数据和材料进行分析时，还是有一种独特的新奇感，这种分析方法也是我想学的。对我来说，这些分析的方法，犹如抽丝剥茧，把一处处的遗址、一片片碎片本身作为突破口，通过这些小突破口，反映出一段时期文明的状态，将逝去的图景重新展示出来，这也是考古的魅力所在。不得不说，方教授的灵活画风，真的很适合出一本漫画风格的考古科普书。

下午的讲座比较随性轻松。韦正教授带着我们从业内人士的角度，去分析鉴赏出土古物，告诉我们应该从哪些方面看待出土文物的价值，这也是我之前没深入了解过的。而韦教授所提出的"多跑，多看，多挖，多想"，我感触很深。作为一个理科生，这种实践动手思想在现阶段和以后的学术研究中，都是很值得学习的。而孙庆伟教授则是让我从考古角度，再一次了解了北京大学、了解到他的家国情怀。另外，韦正老师关于"学霸"的论证——"一个人能成为一个学霸，必然有其过人之处"，着实让我"心安理得"了……

希望明天的参观一切顺利！

7月8日讲座手记

李美伦（中国人民大学附属中学）

今天参加了开营仪式，听了方向明老师的讲座《良渚与中华文明》、韦正老师的讲座《此中无限兴，考古可醉人》以及孙庆伟老师的讲座《大学与人生》。三位老师精彩的讲述都让我印象深刻，受益匪浅。

方向明老师的讲座让我对良渚的考古工作和考古工作所用到的一些分析方法有了一个基本的认识。例如，他提到，在一次发掘中，研究人员们发现在良渚古城外围存在大型的水利系统，他们因而作出判断：当时的社会已具备了物质基础和组织动员能力，并进一步对良渚的社会形态作出了推测。这让我对考古工作者们敏锐的洞察力和推理能力十分敬佩。

　　韦正老师的讲座也给我留下了很深的印象。他提到考古应该"多跑、多看、多挖、多想"，其中，他对于"多想"的阐释让我学到了一种考古人的思维方式。生活中一些习以为常的事物常常为人们所忽视，但如果深入地思考，就会发现这些事物的背后往往都蕴含了重大的历史文化意义。例如在讲座中提到的，中式窗户和西式窗户之间的差异：中式窗户的轮廓通常是平直的，而很多西式窗户则是圆拱形的，这背后其实反映了东西方文化上的差异。西式窗户圆拱形的设计与西方的宗教有密切的关系。在日常生活中做到"多想"，并且查阅相关的资料来佐证自己的猜想，不仅能丰富知识，提高思维能力，还能加深自己对于历史文化的理解，真正将书本上的知识融会贯通。

　　于我而言，考古的魅力不局限于挖掘陈旧古老的器物，了解令人唏嘘、赞叹的历史事件和人物，最吸引我的恰恰在于它所需要的思维方式，即在知识之间建立因果联系。这样的思维方式可以打开我们的格局和视野，让我们冲破自身地位和境遇的局限，站在更高远的境界，怀着更广博的情怀看待大千世界和个体人生。

孙庆伟老师和我们探讨了人生的意义，让我认识到应当认清自己，明确自己的人生方向，而不是一味地在浮躁的社会环境中随波逐流、庸俗自己；也启示我应当有社会担当和家国情怀，将自己的个人理想融入历史的潮流、融入国家发展的大背景，争取在自我实现的同时为社会的进步贡献一个个体的绵薄之力。

文明之光，中华之珠
——听方向明先生《良渚与中华文明》讲座感想

欧　芸（四川省绵阳东辰学校）

高一时上选修课第一章，老师曾提到苏秉琦的区系类型说，其中的东方文化区中便有"良渚"二字，那便是我与良渚文化这个符号的第一次见面。在一个所知甚少的中学生的眼中，这个名字是神秘模糊的——小时候只知道"中华文化五千年"这种口号式的话语，至于是什么、为什么，大概是一律不管的。慢慢长大，才明白良渚文化既不是人名也不是某个地点，也不是所谓的"烟酒文化"一类的文化，而是"考古学文化"。但囿于学识有限，无法回答自己更多问题。

幸运的是，今日之讲座给予了我不少有益知识，增强了对良渚文化的理解。另一方面，这也正为明日"动脚"参观博物馆提供了前言和导读。

方老师首先讲述了良渚古城的发掘研究史——在几十年风风雨雨中，良渚的研究就像是风浪中的船帆几经波折。这其中，我看到了政治社会背景对学术研究的影响，更体会到了一代代考古学家们所坚守的情怀、所追求的远方。

随后，方老师介绍了良渚的玉文化。他提道，玉象征着身份、地位、性别的差异。为何？我听讲后的粗浅理解是，玉的开采、设计和打磨需要较大的劳动力、原料和技术投入，在生产力低下的社会，一件玉器的完成需要若干人参与，调配资源、分配成品的过程中，渐渐产生了权力的集中。在某种意义上，玉正是权力的象征。另一方面，玉器上常琢刻有神人神兽、神鸟等纹饰，也体现了良渚人对神的信仰。

同时他也提到玉在地域上的差异以及呈现出的向心状的趋势，反映了良渚可能存在一种以良渚古城为中心、辐射范围较广的组织形式。令我记忆深刻的是，在上海福泉山吴家场的象牙权杖上刻有同反山 M12 完全相同的神像，两者时间相差百年，这种"巧合"是耐人寻味的。

除了用玉礼制，方先生还提到了都城、大规模水利系统、城乡分野、社会分工等。我认为这些都展现出一幅公共权力使用的图景，一道人类"觉醒"、褪去野蛮的光。

良渚是实证中华五千多年文明史的圣地当之无愧，良渚成为世界遗产也当之无愧。这是对无数专业工作者努力的认可与回报，是中国人的骄傲——良渚就是中华文明寻根问祖的指路标，更是人类文明的宝贵财富。

文化的朝圣者

徐艺滔（江苏省沭阳高级中学）

"苍璧礼天，黄琮礼地。"《周礼》上这样记载琮的作用。

玉琮，笨重而又敦厚的躯体，要如何才能承担起所有良渚先民对明天的期许？面对实证中华五千多年文明史的良渚，我们又该怎样去对待？开营仪式上，孙院长的一句话让我印象深刻："做文明的朝圣者，做文明的继承者。"我想，我现在站在良渚文化前，只能够做一个虔诚的朝圣者，而要想真正做一个继承者，我要做的还有太多太多。

2019 年 7 月 8 日

作者手稿

考古·文明·大学

吕　萱（北京市昌平区第一中学）

杳杳古城，悠悠良渚。

明明大学，莘莘学子。

北京大学考古夏令营的第一天，教给我的不是任何考古的方法、技巧，而是首先向我明确了考古是什么、为什么要考古这两个终极问题。和所有与人类休戚相关的课题一样，这两个问题，无疑是在何时都应明确的。我认为这非常有必要，而且非常符合大学的治学理念及其在对人的教育中起到的阶段性作用，尤其是北京大学这样一所以"立德树人"为目标、在大学界起到风向标作用的大学。

所谓"为学先为人"，就历史学与考古学而言，就是正确的历史观应当建立在正确的人生观之上，当你对自己国家的文明文化有了正确、深刻的认知后，你才会用你的学识作出对我们民族有益之事，进而推及世界，否则就会沦为精致利己主义的武器或是哗众取宠的工具。已经站在一定现代文明高度之上的我们，将要何去何从，是我们发展任何一个学科前应该首要考虑清楚的问题。我们必须明白把人力、财力、资源投入到什么样的研究上才有价值，才对我们的社会有益，才对整个人类有意义。

再说说良渚文明。正值良渚古城遗址"申遗"成功，诸位专家学者向我们阐释了良渚对华夏五千年文明的见证意义以及对人类文明的价值贡献。这让我对历史、对文物、对古迹的认知不再仅仅停留在感叹工艺之高超、社会经济之发达，而且是对人类文明社会发展的重大意义超脱了书本上的概念。考古成果告诉我，我从属于一个伟大的民族，这个伟大民族坚定、自信、勇敢和智慧。任何一个民族的考古工作，不论是对本民族还是非本民族的文化，都能够给人以源源不断的力量。现在，古人精湛的技艺、超绝的智慧不言而喻，而带给我无限感动与难以名状的欣喜的，是多少考古人对人类的真切关怀，是我们华夏灿烂而古老的文明在世界文明中延绵不绝、独具魅力的美丽绽放和新生焕发。

考古探微

陈安琪（复旦大学附属中学）

在昨天一整天的互相认识中，我发现组内许多同学都对历史或者考古有着深厚的兴趣，所以报名了考古夏令营。比如我的室友，她来自古都西安，在这座城市里漫游，到处都是古老的城墙、塔楼，自然地就对古物产生了兴趣。她们的学校在山上，抬头就是秦岭。这是上海学生从未想过的。我们的城市中，即便是泥土也是刻意规划好的必然，是都市生活的调味剂。自然与野性的特质在都市中，被最大限度地压抑了。读卡尔维诺的《看不见的城市》，最大的梦魇就是现代大都市不可避免地走向同化的命运。当符号疯狂地反噬我们时，如何辨识出其本真的面貌？他给出这样的回答：在生活的地狱之中去辨认哪些人还没有死去，去寻找他们，去给他们空间，让他们继续生存下去。

当生活的本味被消费主义的浪潮吞噬时，传统文化可以作为解蔽的途径。那一件件带着泥土的文物、一条条粗犷的图式，有一种原始的力量，把人拉回现实、生存的现实。当你能熟练地报出自己省市的海岸线长度，说出长江发源地的地理位置的时候，你和土地就建立起了一种联系。看良渚的神人兽面纹，那是一种直击人心的力量。那根根向外刺出的羽毛，戴在神人的头上，让人忍不住想起"怒发冲冠"的描述。两只手臂压着神兽，下面那野兽的眼睛大得几乎裂开，似乎下一秒就要冲破表面，向你冲来。身体上填充着的螺旋纹好似团团魂魄、阵阵灵力，在奔腾，在沸腾。这些，在冷漠的钢筋水泥中，是无法体会的。

今天早上开营式的主持人说：考古是一扇窗。下午，韦老师说：此中无限兴，考古可醉人。此时的我又觉得仅将考古看作传播我国传统文化、培养文化自信的观点是有些浅薄了。文化是民族的、是时代的，而时代又无法脱离整个世界的影响。我们在同一时期的不同地点，不同时期的不同地点看到文物上惊人的相似之处，例如中国、玛雅、法国等地的太阳崇拜，这是必然的。因为我们作为人类都有生的欲望，都需要征服自然。我们在物质生活得到满足以后，都渴望更高的权利，所以国家诞生了。这些共通之处，就是考古过程中折射出的人性。理解这些个性和共性，不仅能助于我们溯源，还能帮助我们理解他人，培养出对人类大我的大爱。我认为，这才是考古更高的价值。

感悟考古

杨欣竹（首都师范大学附属中学）

"纸上得来终觉浅，绝知此事要躬行"说的也许就是今天这一番经历吧。

被雨水浸润得湿滑的红土地，握在手里有些沉甸甸的手铲，与我仅一步之遥的砖石墓葬……这些在想象中都难以出现的情景，就在今天无比真实地出现在了我面前。它们没有想象中的那么神秘，看到它们的第一眼，甚至觉得现实而普通，它们仅仅是一座座墓葬。但是当自己逐渐适应绵软红土的触感，渐渐不再在意污泥弄脏了裤脚，再倏然抬起头看向那些或高或低或大或小的墓葬，便也油然而生出一种肃穆感，暗自惊叹着自己与历史的距离原来可以这样近。

考古究竟是什么？那些曾经出现在荧幕上神秘曲折的探墓场景与自己心中所幻想的惊险刺激一幕幕从脑海里闪过。可当自己真正手握着手铲，在湿黏的土地上铲下一层层土，才发现考古真的如韦正老师所说"是一门最接地气的学科"。无论墓葬还是遗址，都是通过那平凡而波澜不惊的一铲一铲挖掘出来的。用一把看似普通的手铲剥开砖石上的污迹，观察不同花色的土质……我与历史的谜底就是这样近，这样近。虽然我最终没能成功地挖到不同花色的土，也没能成功清理出一块完整的墓砖，但是蹲在工地里刮开层层泥土，期许着下一次手铲的抬起会有惊喜，会看到一种截然不同的土色，会邂逅一条更清晰的纹路。这样的经历，是这一生都难体会到的。

亲身参观考古营地，用手铲和指尖与文物展开一场亲密的交谈，这让我真正感受到考古是一件质朴、有意义的事情。博物院里那些光鲜亮丽的文物也是经由一把把手铲的挖掘，从一片片沾满污泥的碎片经过清理、复原才成为灯光下光鲜亮丽的样子。幸运的是，我在今天得以见到墓葬、文物最初的样子；能够小心翼翼地刮开浮土，窥探一二破损陶片背后未语的历史信息。更重要的是，我在朴素湿软的土地上用自己踏实、真切的实践重新定义"考古"，将这着实质朴却也沉甸的两个字深深印在了内心的深处。

于最平淡处打捞起历史沉浮的一枚碎片，于最艰苦处不懈挖掘深埋地下的历史宝藏。这便是我与我的手铲，我每一次同泥土的接触后对考古感受更真切、深切的定义。

良渚与考古

邵妤婕（贵州省毕节梁才学校）

也许早在某个时刻，我已经与良渚文化不期而遇……

曾在《国家宝藏》中看到过"玉琮王"的故事。节目演绎的"前世"故事中，良渚国王的女儿"瑶"作为一名祭司，在家乡遭难之际坚守良渚圣地，为保护家园和子民，甚至不惜牺牲生命保护这个奇迹般的水上王国。祭司手捧玉琮，人群欢呼舞蹈，祭天地四方，拜远古神明，以虔诚的信仰祈祷平安的生活。在这个仓廪实而知礼节的理想国，他们用执着的理想追求表现着来自五千年前的浩荡史诗。而他们"苍璧礼天，黄琮礼地"的传统一直传承至今；开拓创新，虔诚执着的精神也一直影响着后世子孙。

良渚少女

李之仪（重庆市第一中学）绘

在今天上午方老师的《良渚与中华文明》讲座中，

我又进一步地深入认识到这一蕴藏着五千年文明的古

老遗址。我为五千年前就存在的宏大文明而感到震撼，无论是规模宏大的外围水利系统，还是其"藏礼于器"的传统，无疑都是中华灿烂文明的重要组成部分，都是长江流域对"多元统一"的中华文明起源作出的卓越贡献。良渚，这个实证中华五千多年文明史的圣地着实令人震撼。

生在一个有着五千多年历史的文明古国，无疑是幸运的。在这里，每一个发现都会使我们透过漫漫历史长河的孤寂与迷茫，去尽力感知领悟文物与历史间摩擦出的惊喜与魅力。

同样，节目的"今生"故事也令我印象深刻。种类繁多的考古工种让我刷新了对考古学的认识；考古技术的发展让我们对五千年前的世界有了更为准确的认识；良渚考古四代人前赴后继的研究精神令人敬佩。脚下的寸寸土地，土壤的层层厚度似乎在诉说着什么跨越百年甚至千年的谜语；脑中的点点碎片，记忆中的灿烂文明似乎也在刻画着跨越千年的画卷。历史的车轮滚滚向前，从荒芜走向繁华。综观历史，才知晓大地之广袤；感悟历史，才仰观天空之辽阔。或许这就是考古的魅力。引用韦正教授的话说就是："考古虽然面对的是烈日、是黄土，但发掘出来的是文化、是情怀、是内心深处与远古的共鸣。"

心灵没有栖息的地方，到哪里都是在流浪，而考古正是那片让我栖息的田野。愿我们都能成为中华遗产的保护者，中华文明的诠释者，中华文明的传播者。

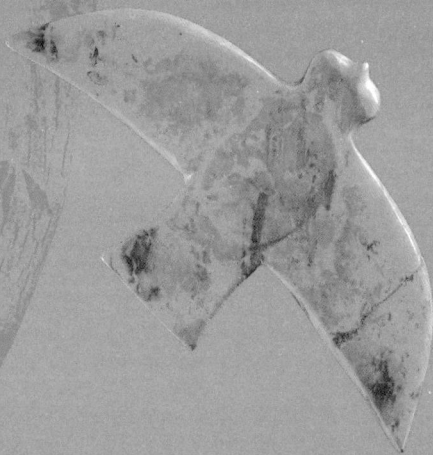

叁

少年情怀

向阳而生

追索不止

余音回响

岁月归途
——开营仪式演讲稿

卓琳凌（重庆南开中学）

老师们，同学们：

大家好！

写下这段文字的时候，《新闻联播》里正播放良渚古城遗址"申遗"成功的新闻。

画面里是郁郁葱葱的山林间，矗立在一泓青潭边的良渚博物院，是古老又精美的玉琮，是莫角山上庄严静立的台阶，是江南柔和的山水。

而今天，我们就在这里，在这片土地上，一睹它的真容。

怎么能平静呢？当你真真切切地站在五千多年前祖辈生活过的土地上，与他们仰望同一片天空，连身边拂过的轻风，都像是从遥远悠长的岁月里跋涉而来。

节目中的主持人铿锵有力地作出总结："我们常说中华上下五千年文明，而这正为中华五千年的文明史提供了实证。"我想，这也是考古的意义——以一颗热忱的、炽热的心，去探寻埋藏在尘埃里的灿烂时光，去发掘深埋在岁月里的古老文明，把那些不为人知的故事带到眼前，为文明正名，为历史正名。

我很喜欢刘慈欣的一句话："给岁月以文明，而不是给文明以岁月。"而今天，我们跨越山川湖海而来，相聚在杭城，只因我们同样有着一颗赤诚的心，想要寻找湮没的文明，也是在寻找一个民族共同的家。

而我看着大家年轻的面孔，看着北京大学考古人目光中的坚毅与睿智，只觉感动——为了这漫漫的岁月与青年人的相遇，为了一代又一代人对华夏历史的追寻与探索——浪漫，而又震撼。

未来的七天中，我们走过的每一步向前的路，都是踏向五千年前那片灿烂星空的归途。

谢谢大家！

新的探寻——开幕式发言稿

杨泽嘉琳（河南省郑州市第四中学）

尊敬的各位领导老师，亲爱的同学们：

大家好！

在这激情燃烧的 7 月，我们相聚在吴越文化之地，怀着激动的心情迎来了北京大学 2019 年全国中学生考古暑期课堂的启动仪式。我是第 5 组学员杨泽嘉琳，来自郑州市第四中学，很荣幸作为学员代表在本次暑期课堂启动仪式上发言。

2019 年 7 月 6 日，良渚古城遗址"申遗"成功。正式成为中国第 55 处世界遗产。正如习近平总书记所言："良渚是实证中华五千多年文明史的圣地，是不可多得的宝贵财富，我们必须把它保护好。"的确，泱泱华夏，是良渚古城为中华五千多年文明史提供了独特的见证；是良渚古城呈现了东亚地区距今五千年左右稻作文明的辉煌成就；是良渚古城以其规模宏大的城址、等级鲜明的墓葬、高度复杂的外围水利系统引发国际学界瞩目，堪称人类早期城市文明的杰出范例。良渚古城的故事，由中国考古工作者发掘和讲述，以其艰苦和坚持，揭开良渚古城的神秘面纱。今天我们这群来自全国各地的孩子，心怀对考古的兴趣和热情，肩背各自的人生行囊，来到柔美清丽的杭州，看良渚文明千年长，观江南遗存几代扬，共度八天时光。

但在出发之前，总要清楚我们为什么出发。或许是因为看那灯光下的石器上一点一点的划痕，玉器线条的温润与柔软，青铜器上的斑斑锈迹，被这千百代技艺的传承发展而感动，为这先人无穷的智慧结晶而自豪。或许是为中华五千多年文明史灿烂辉煌却被某些西方学者恶意否认而愤慨，想要来到这片最原始的土地，一看那埋藏五千年的文明。抑或是被某个考古问题而困扰，终日思考：新石器时代不同地区的文化到底如何交融？文明起源的标志为什么只被"城市文字和冶金技术"而定义？为什么要因标准的单一却对那繁荣的文化视而不见？来到杭州，只为在这里一探究竟。

而我觉得更重要的是，在这里，在这次北京大学考古暑假课堂，你可以站在巨人的肩膀上看待整个历史，你可以立足实践的田野打开广袤的世界。虽然你只能无限地趋近于真相，却无法完整地还原历史，可是你却可以从历史的长河中知道：什么是必然，什么是偶然，什么是值得在意的，什么是无所谓的。

世界很大，个人很小，如果眼界狭窄，世界也会缩小；眼界开阔，世界就会广袤。北溟有鱼，化而为鸟，格局小的自我只能是鱼，格局大的则会扶摇直上九万里，背负青天朝下看。这样的自我才是宏大的，才是站在世界的角度认识的自我。或者这样说，我觉得真正学过考古学的人、精通考古的人，都会有一个开阔的人生，因为历史可以让你领略一切。而来到这里的我们也会因知识的丰富、实践的打磨而更加精彩出色。

　　我很喜欢微电影《遇到另一种生活》中的一句话：
"人生最好的旅行，就是你在一个陌生的地方，发现
一种久违的感动。"我们推开繁缛的作业，丢掉各种
课外辅导班，与众多热爱考古的同道者一起，来到这
片既熟悉又陌生的山河之间，为生命觅得一个清凉之
所。希望大家在这八天时光中，都能寻找到自己的考
古梦。

寻梦考古——开营发言稿

张爱彤（辽宁省东北育才学校）

尊敬的各位老师，亲爱的同学们：

大家上午好！

我是来自一组的张爱彤，很荣幸能作为新生代表在这里发言。

首先，我想祝贺所有与我一样站在这里的同学们，祝贺我们用优异的成绩和一腔对考古的热忱之心，从千百人中脱颖而出，成为暑期课堂的一员。

就在两天前在联合国教科文组织第 43 届世界遗产委员会上，随着大会主席的落槌，良渚古城遗址成功列入《世界遗产名录》，这意味着中华文明五千多年历史得到证实，遗产地的价值以及真实性、完整性得到了全世界的认可。而良渚正是我们此次的目的地之一，在这样一个时间节点上，此次考古之旅对于我们而言无疑是具有特殊意义的。

在来的路上，我一直在思考一个问题，什么是文物？《国家宝藏》里说："文物是民族的共同记忆，包含着我们民族最初的美、感动和信仰。"是的，它们是人类文明和历史的缩影。中华民族文化的自豪感从何而来？就要从这些文物中寻找答案，它们见证了农耕文明的辉煌岁月，积淀了中国这片广袤土地上无数先民的智慧，体现了中华民族性格中的内在基因。考古的意义就在于我们可以通过它们找到自己真实的历史，找到自己在世界上的位置。我们可以在古迹的蛛丝马迹中思考过去，在历史的车轮转动间寻找未来。只有保留我们最珍贵的、最引以为傲的，才能心无旁骛地追寻最美好的未来。

除了那些瑰丽奇绝的珍宝，更加吸引我的是考古从业者们甘于清贫，耐住寂寞，愿把自己有限的生命奉献给祖国的考古事业的伟大精神。如果说，文物和遗址是一个国家、一个民族存在的见证，那么考古人就是这个国家、这个民族存在的守护者。他们是贯通古今的连接者，是过去见之于未来的交汇者，是历史长河中的摆渡人。当代中国综合国力的与日俱增，文化软实力是其中不可或缺的一环，这个时代，需要更多这样坚守的考古人，呼唤更多沉潜、朴素的钻研者。这些纯粹的品质，对于我们来说弥足珍贵，值得我们去学习。

在考古事业中，还有许许多多静待揭开的谜底，正等待着一代又一代的有梦想、有热忱的年轻人去追求、去探索。而今天，注定是一个个考古梦冉冉升起的时候。作为年轻一代，我们理应不驰于空想，不骛于虚声，继往圣之绝学，开万世之太平。卡尔维诺在《看不见的城市》中这样写道："看不见的风景，决定了看得见的风景。"这看不见的风景，就是我们踏实奋斗、不懈追求的心境，如此的心境终会外化为平和的人格修养，成就我们瑰丽多姿的梦想。

尘封千年的古迹映于眼前，便落在心间，让我们共同去感受考古的无穷魅力和独到乐趣。希望通过七天的学习，考古的内涵在我们心中可以更加立体、更加丰满，而不再简单地与盗墓、鉴宝相连。

最后，祝愿大家在接下来的七天里有所收获，满载而归！谢谢大家！

有三叶草的地方就有城墙

应佳蕙（北京市第四中学）

坐在观光车上，两面都是水稻田，散乱的白鹭如失落于天际的繁星。簌簌的细雨擦过帽檐，同冷风一起，直扑到脸上。这扑面而来的寒意仍使我战栗而疲倦。但思及这两天看到、听到的一些信息，或许这份疲倦只是考古工作的冰山一角。

当然，疲倦是我这一日最直观的感受，但我最想说的并不是考古所需的勤勉之类。

在参观南城墙之后，室友突然问我，既然考古工作者已经大致梳理出了城墙的轮廓，那么其他部分的城墙去了哪里。我不知道。于是在接下来的行程中，我询问了坐在身旁的司机师傅。

她说："哦，找三叶草就好了。有三叶草的地方就有城墙。"

没有人带我认过真正的三叶草。然而在下一站莫角山，当我顶着苍劲的寒风拾级而上时，我还是一眼就认出了它。一片苍茫的绿色，三片叶子向心堆簇，每一片叶子上都挂着晶莹发光的雨水。而在一片三叶草的旁边，还有一片黑色的、木头状的东西——这代表用于居住的房屋。

于是我心里开始有些疑虑。在对城墙的研究工作还没有做透的情况下，为什么要采取回填的方式？在良渚古城遗址"申遗"成功而证明了它独一无二的价值之后，回填是否可能意味着永远不被开启？那尘封于地下的先民的血汗和柴米油盐是否永无重见天日的一刻？那厚厚的土层最下面是否隐匿着比良渚文化更贴近中华文明根脉的文明？对良渚的开掘，是不是应该止步于它现有的成就，尽管那成就浩浩汤汤、灿若星河、辉煌煊赫？

讲解老师也给出了相应的解释。在现有的保护条件下，回填不失为一种有效的保护措施。何况江南多雨，暴露在天幕之下的遗址现场，更容易被破坏。"回填是最好的保护。"而不论是三叶草还是木块，所起到的都是一种标示作用，为未来的某次研究提供可靠的凭据。这至少表明，考古工作者并没有放弃前行的信念和求真的本能。那风雨中摇动而不倒的三叶草就是立在考古人心中的梁柱，永远在路上，永远在求索。

对于良渚，或许我们最大的愿望就是实证中华五千多年文明史，从而明晰当今国人对自己民族的定位。从这一点上来说，良渚目前的发掘已经可以说是成功的。何况考古人并没有打算放弃后续的钻探与研究。他们种下这些三叶草，像五千年前的良渚人一样，挥动健硕的臂膀乘着竹筏，在求真的河流中，溯流直上。

那看似弃置不顾的回填，实则凝聚了考古人对先人的敬重和对青史的探索。

有三叶草的地方就有城墙。

听完讲解，我顺着来时的台阶缓缓走下。身旁的三叶草在雨中微微摇撼，画成一簇又一簇绿色的波漪。

透过它，我仿佛就望穿了那个遥远的时代——水稻排成绿浪，罗布的水系与天空一色，散发着清香的木梁搭叠成宏阔的殿宇，冰雪般清润的玉石发出脆响，先民用草裹泥筑成堤坝、用磐石修筑城墙，背上的汗水在阳光下熠熠生辉……而这一切美好又重新归结到那些我们一眼就能认出的三叶草上，归结到那一片片颤动的、挂着雨珠的绿叶上。

这是沟通今古的唯一通道，更是考古人一颗颗虔诚的心赋予尊重和求真这四个字的意义。

对于古良渚人信仰的思考

李美伦（中国人民大学附属中学）

7月9日上午去良渚古城参观了城墙、莫角山宫殿以及反山王陵，下午参观了良渚博物院和水坝。

在逐渐了解良渚文化的过程中，最令我震撼的莫过于良渚人虔诚的宗教信仰。良渚神像作为他们宗教信仰的标志，广泛出现在一件件精美的玉琮、玉钺、玉璜等器物上。神像上的神兽瞪着一对炯炯有神的双目，凌厉的目光穿透了余杭细碎的雨丝，穿透了历史厚重的迷雾，凝视着五千多年后前来游览的我们。

作为现代人，观看古人留下的遗迹时，我有时会不自觉地产生一种时间赋予的优越感，下意识地将古人的宗教信仰与愚昧无知联系起来。诚然，现代人的科学知识远比五千年前的人丰富、准确，我们理解了太阳辐射能量的原理，理解了自然灾害产生的原因，也就不会盲目地赋予这些现象以神圣的意义。但知识的堆积并不能带来心灵的丰富，况且五千年前人类的智力水平与现在相差无几，也与我们仰望着同一片星空。在形而上的层面，现代人对世界和对自己内心的理解不一定比那时的人高明。科技的高度发达和理性精神的深入人心使得武断的怀疑主义盛行。他们一味地用批判、质疑的眼光向外征伐，却忽视了对自己心灵的探索和反省，而这恰恰是回答信仰问题的途径之一。

不论处于什么时空、什么社会背景，能够产生积极作用的虔诚信仰的人都是值得尊敬的。良渚的工匠为了完成神像的雕刻，在一毫米的宽度内刻上五根线条时——是他们对神发自内心的敬爱让出自凡夫俗子的作品穿越时间成为不朽，使五千年后的我们惊叹。

除了宗教信仰以外，博物馆最后的影响与传承单元也给我留下了深刻的印象。良渚古国衰亡了，但是它璀璨的文化要素散落在了广袤的神州大地上，如同夜空中的点点繁星，其独创的玉琮传播四方，对中华文明的形成产生了广泛的影响，以另一种形式永存。在四代考古人的努力下，良渚文化终于成为全人类共同的遗产。

文明圣地，万古生香

杨凯越（山西省太原市第五中学校）

当一个文明被时间的流沙掩埋后，被人们遗忘后，它就真真正正地迎来了消散。但是考古，吹走芜杂，还原历史，让我们看到文明本来的面目，使实证中华五千多年文明史的圣地良渚焕发新生。千载之后的2019年7月，作为后来者的我们，在这里触碰到了先民的辛勤劳作、喜怒哀乐。

人生代代无穷已，良渚年年望相似。我们来到这里，看到了中华文明的"多元一体"，看到了史前稻作文明的辉煌，看到了"鸟立高台"的玉璧，看到了重圈大眼的纹饰，看到了反山12号墓地中的玉琮王、玉钺王，看到了良渚文明纯粹的本来面目。

杭州，水汽氤氲出的灵动让这个文明变得精致。不同于我生长生活的黄土高原那份豪迈塑就的三晋霸业，吴越之地巧夺天工的手工成就雕饰出了通透厚重的玉文化。良渚文化，以玉为魂，一脉相承，贯穿古今。不仅如此，在大型工程方面，这个文明也体现出了强大的组织能力，无论是护城水利工程还是王室祭台，抑或是反山王陵，规模如此宏大，在同时期的古文明中堪称精品。然而良渚之美，远不止此。

跟随老师的讲解，良渚文明渐渐浮现在我们眼前：我想知道，它到底仅仅是一个遗址，还是一个文明，甚至可以上升到早期国家。我也好奇，在横向对比中，其国家政权组织形式和同时期的许多文明相比有何异同？到底是什么动力使它产生了凌驾于社会权力之上的王权？为何中华祖先在良渚这里生民斯兴，发展出了如此高水平的史前文明？而此时的长江流域与黄河流域的文明发展异同是否仅是自然的推动？无数的问题汇集，关于"国家"与"文明"的讨论让认识变得深刻。不仅停留在器物层面欣赏文明之美，我们更触碰到了它最重要的内核——"良渚文明"和"中华文明"。文明即使被厚土压制、被森柏遮掩，它的光芒，依然不灭。

漠漠水田，白鹭飞过；翳翳叶荫，翠鸟低吟。稻田中，青苗在生长；田垄间，清水在缓淌。天朗气清，惠风和畅。这，是良渚，是我看到的烟雨蒙蒙，是先民看到的一方家国。历史的目光贯穿了时间，从未改变。它将这一方美，以文明厚养，万古生香。

尝试给良渚老虎岭水坝遗址写简介

陈奕菲（西安交通大学附属中学）

一、基本信息

位置信息：天目山余脉大遮山山谷处。

修筑时间：距今 5100 年至 4800 年，不晚于良渚文化晚期。

材料：用茅草芦荻包裹泥土，再用植物条带绑扎固定的块状堆筑材料草包泥。

体量规模：水坝受益面积 100 平方千米；完整外围水利系统库区面积 13 平方千米，蓄水量近 5000 万立方米。

建筑技术：草包泥堆砌。

建造者：良渚先民。

用途：基本认定为防洪、水运、农业水利工程等。

地位与价值：以老虎岭水坝为重要组成部分的良渚水坝系统是中国迄今为止发现最早的大型水利工程遗址，将中国水利史由大众熟知的大禹治水往前推了1000年。外围水利系统在坝址选择、地基处理、坝料选材、填筑工艺、结构设计、交通运输等方面表现出较强的科学性，在我国城市建设史上具有极高价值。从水坝的营建中，可以推测当时良渚的社会组织管理能力状况。（此段非原创）

二、（很努力而小心地）评价
（其实并不知道应该叫什么）

以老虎岭为组成部分的良渚水坝系统是良渚精英与劳动人民的智慧与汗水的完美结晶。

从测定的水坝修筑时间与良渚古城的建筑时间的对比来看，智慧的良渚人在建设聚居地前应当经过了充分而全面的考量，并最终将水坝的修建作为一项重要工程首先完成。这无疑是明智的。亚热带季风的不稳定性与丰沛的降水、天目山山谷逼仄的地形与低洼的地势，共同形成了良渚遗址易遭受洪水侵袭的不利自然条件。从出土的 20 万千克炭化稻米、耕作农具以及相比于河姆渡聚落遗址数量大大减小的淀粉类自然植物果实来看，良渚文化的农耕业应当达到了相对较高的水平。由此产生的对稳定、充沛的水源的需要必须得到满足。才能保证整个古城的粮食供应。而从出土的大量手工业制成品——尤其是以磨制为主的玉器——以及产生了社会分工的大规模手工业制造遗迹可以推测，当时仅手工业领域对水源的需求就相当大。同时，建筑木构件、独木棺等对大型木材的需要、玉器石器的原料需要也大大增加了水运建设的需求。总之，良渚水坝系统充分适应了安全聚居、农业生产、社会生活等环节的需要，称之为良渚文化的生命线似乎也不为过。

与此同时，先进的建筑技术、庞大的工程体量，无不令人联想到良渚先民的智慧以及当时应当存在的能解决重大复杂问题的较成熟的社会组织系统。

五千年前，水坝系统助力良渚文明的孕育产生；五千年后，荒草漫漫的坝体再次成为后人窥探良渚文化的窗口。感慨系之矣！

三、疑惑列举

遗址土壤成分复杂，这些土来源何处？怎样被发现？良渚人怎样学会使用？怎样运输？尤其，如果黄土风成说成立，这里的黄土来自哪里？是什么成分的黄土？（偏向地质了，可是很好奇）

现有水坝建筑技术高超，是否存在其他水坝遗址可以反映水坝建筑技艺的发展历程？

良渚人对于地形地势的认识是怎样确立的？"山的那边"是否存在良渚人活动的遗迹？

水坝的建设是否同会产生地下水位抬升、地质灾害概率增加等问题？这是否是导致良渚消亡的原因之一？

既然水坝系统的修建不晚于良渚文化晚期，那是怎样的社会组织形式支持着良渚人对水坝的建设？什么在维系着社会关系？

良渚人是否曾对水坝进行后期加固？

良渚人既存在征服自然的杰作，也存在神徽信仰，这是否矛盾？

神徽像类似什么物种？是否与水有关？

水坝坝体的保护已经比较成熟，但仍存在渗水、侵蚀等现象。室外文物古迹如何保护？暴露在空气中是否已经改变文物古迹本身的存在条件？

良渚古城及外围水利系统结构示意图（一）
韩煦（辽宁省辽河油田第一高级中学）绘

大遮山

谷口高坝

山前长堤

良渚古城

平原低坝

城墙

鸡山

反山
姜家山
桑树头

小莫角山
大莫角山
乌龟山 宫城

王城

良渚古城

皇坟山

凤山

良渚古城及外围水利系统结构示意图（二）

罗莞萦（四川省宜宾天立学校）绘

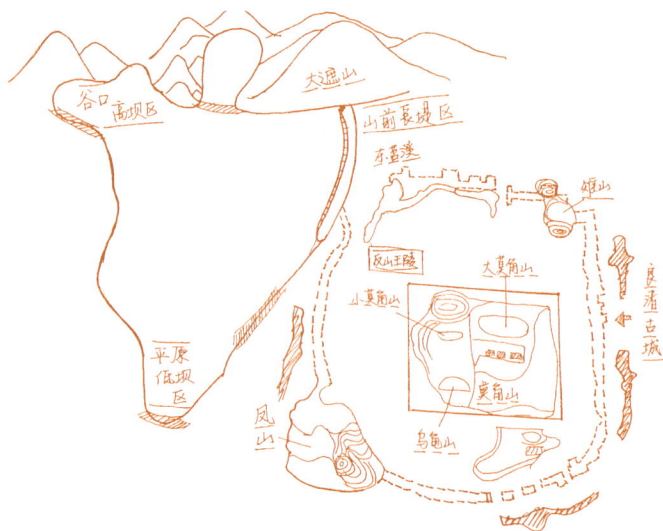

良渚古城及外围水利系统结构示意图（三）

田书殷（陕西师范大学附属中学）绘

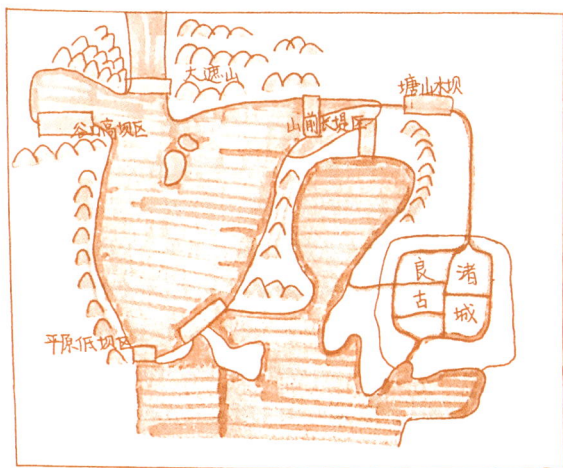

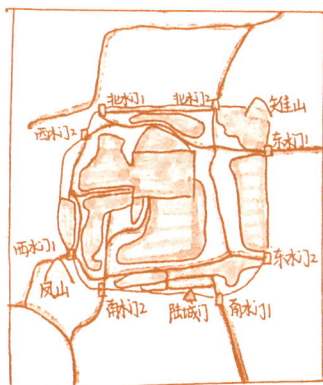

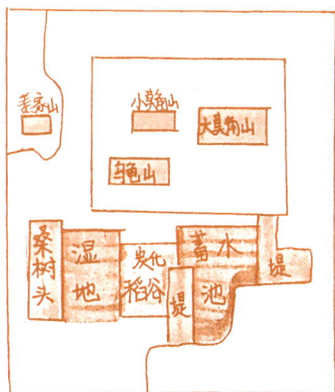

良渚古城及外围水利系统结构示意图（四）

石玉婷（重庆市育才中学校）绘

良渚的叹息

雷诗琪（湖南省澧县第一中学）

玉器清冷的光芒夺目

陶器的色泽尽无

可怜的人们

不被留存

生前的世界没有你们的位置

死后的天国只一个小孔

千年一过

万般皆成土

"胜者为王，败者为寇"

历史从来情薄

你听见良渚的叹息了吗？

声声

触手般

搭上你

缠绕你

你看见良渚的残骸了吗？

片片

席被般

覆上你

包裹你

到底

这城这土

掩埋的是何人枯骨

……

参观感悟

郭春宇（湖北省随州市第二中学）

今天是开营第二天，一天都在参观，系统地了解良渚文明。

上午去了良渚博物院。展区分三个部分，第一部分是水乡泽国，主要介绍了良渚人的日常生活生产，一种可以与中原地区旱作农业并行发展的湿地稻作农业。不仅有丰富的肉食，还有各色水果，五千年前的良渚人就已经懂得养殖和种植，而不再是简单的打猎与采集，这是很大的进步。良渚人还懂得使用各式的农业生产工具和武器，其中的一些生产方式到现在仍然在使用，在我家乡还可以看到传统稻作农业的生产模式，基本上没有什么太大变化，文明的延续更迭真的是不间断的。第二展区主题是文明圣地。最主要的就是良渚古城遗址及外围的水利系统。看到这个模型，我想到了水城威尼斯，中国古代版的。古城墙的坡度竟然很缓，不是用来军事防御，更多的是为了将城内与城外区别开来，显示不同的等级。第三展区的主题是玉魂国魄。玉器的工艺非常精湛。有的玉器可能要花上匠人一辈子的时间来制作。原来在五千年前的中国，就已经有了工匠精神，这一点很值得现代人学习和反思。良渚人有高度统一的神徽，难道是"虚其心实其腹，弱其志强其骨"？可能良渚的统治阶级当时并没有这么系统的理论。五千年前的统治思想一脉相承，但是随着历史的进步、思想自由的萌芽，这种政策的实施难度也在增加，到明清时候的文化专制最终反而激起了知识分子内心的民主追求，加速了朝代的更迭。

老虎岭水坝的参观让我觉得在上一堂地理课，脑袋里地理老师讲的各种东西全蹦出来。草裹泥很神奇，里面有植物纤维的泥土就不会变成稀泥被冲掉。我以前只见过晒成的土砖，所以这个细节很能体现古人的智慧。几千年之后的长城修建，在土里加糯米汁的方法与这有异曲同工之妙。站在堤坝上，往谷地内部看，可以想象出当时水库的情景，和现在的库区也没有很大差别，还是很好理解的。

下午去参观了良渚遗址的核心地区。给我的感受就是，这和我家乡的自然地理环境非常相像。五千年前的农业文明和五千年之后的农村差别真的没有太大，到处走有回家的错觉，农耕文明的封闭性和保守性显而易见。参观莫角山遗址，让我想到了商朝祭祀的场景，虽然不是同一个文明，但是仍然有相似之处。感觉课本里的文字记载活了过来，变得非常立体而清晰。参观反山王陵，让我真切地感受到了什么叫作阶级和地位。

良渚文明给我的整体感受就是，在五千多年以前的太湖流域，文明就已经如此发达，后世许多的经济政治文化在某些方面大体继承了当时的模式。良渚文化可以说大体上奠定了中国农耕文明的基本形态。估计几年之后，教科书就要重写，中原文明的始祖地位说不定也会被撼动。但是良渚文化最终为什么会消失呢？是天灾还是人祸？抑或是王朝被推翻，新的政权被建立？良渚的统治是如何更替的呢？整个社会是如何运行的？我觉得仅靠精神统治是远远不够的，希望以后会有更多的发现来解答这些问题。

参观琐记

杨泽嘉琳（河南省郑州市第四中学）

2019年7月9日

何以文明？

细雨蒙蒙日。

满山烟雨揽过，使这黄土掩埋下的历史更显神秘。

初入良渚博物院，惊叹于其高超的手工业制作工艺、惊讶于其原始农业的先进技术、感叹于其等级分明的玉礼制体系，我领略了良渚文明的别样风情。看到那一毫米能刻五条细线的玉琮，看到那构造巧妙的过滤器，看到那精致华美的镶玉漆器，我看到的是中华五千年文明的繁荣璀璨。

走入良渚古城遗址，亲见恢宏壮阔的古城，四周水道纵横，高台耸立，墓葬考究。覆履于黄土之上，历史的气息透过条条血脉深入人心。它将每个瞬间都展开于眼前，让我仿佛正置身于良渚，泛舟河畔，看先民在田间挥汗如雨、在作坊制陶琢玉，胸中一股浩然之气油然而生，岂不快哉？

　　回到组内，和老师、同伴一起探究良渚文化的早期国家形态。我不由在想，到底什么才能证明一个文明的形成？不同于历史书上的时间段划分"夏朝的建立标志着早期国家的产生"，不同的学者对于文明形成的标志有不同的理解。我的想法是：文明是否就是人们思想的觉醒？思想的觉醒反作用于个体的行为，使人产生脱离野蛮状态的社会行为和自然行为，从而推动群体进入社会发展的更高阶段。然而不可否认的是，文明的发展是一个过程，思想的解放也是一个过程。正如近代西方文艺复兴运动解放了思想、传播了人文主义，但该运动延续了两个多世纪，我们可能难以从其中找到一个具体的事件，来作为思想觉醒的终点。老师启发我：我们固然可能找不到觉醒的终点，但可以找到一个与众不同的点。例如城市，标志着人们地域集团观念的形成；例如文字，不仅仅具有表意功能，更是人们交流的体现；例如技术，则集合了包括公共权力、制作思想的发展等。而这些所谓的"与众不同的点"，正是无数人类学家、考古学家判断文明是否形成的出发点。"思想的觉醒"只是一种宏观的概念，正如文化的体现也需要有物质载体，这一概念也需要由具体的要素来支撑、来证实。将一个大概念进行分析、分层，划分为具体可感的要素，更利于研究。

2019 年 7 月 10 日

印山越王陵之叹

细雨过后，阳光似被浓云遮住，迟迟探不出头。空气里浸着一层水汽，显得格外舒爽清新。

车程两小时，来到绍兴印山越国王陵。穿过茶园，经过坠着露滴的叶子，来到一座恢宏的大墓之前。据《越绝书》记载，"木客大冢者，勾践父允常冢也"。

史书记载，古时这一带森林茂密，系伐木场地，越国被吴国打败后，越国许多士兵在这里砍伐木头进贡给吴国，这些砍伐木头的人当时被人称为"木客"，因而印山在早期也叫"木客山"。考古学家据此推测此乃勾践父亲的墓。墓分为墓室和墓道。墓室分为前、中、后三室。墓室由巨大的木头搭成三角形，墓室外层包有140层树皮，后再加木炭和青膏泥。中室停放一大型木棺，采用独木雕凿而成，棺内外及墓室内的长方木均三面髹漆。雄伟之大墓，实是古越国历史的见证。

在惊叹越王墓的宏伟和品味其中蕴含的考古学原理的同时，我也不由得感到悲哀。我不及孔子万分之一的高尚，他对历史的悲哀来自精神层面，是对礼崩乐坏现象的哀痛，是道德与信仰衰败后的悲绝；而我，则是因为看到了权力膨胀无边的诸侯王与民众间存在的如天堑般的阶级差距。和先前在良渚所见之景相似，上层阶级墓室规模宏大，陪葬品众多，而生活在社会底层的人们，却只配享有一单薄的棺椁，或是随意抛在土坑中、随千万无名之辈乱葬。同是一个个鲜活的生命，生前是庙堂草芥之异，死后亦是千差万别：有的在哪个不知名的角落缓缓腐烂，有的却建高楼尽豪奢，更不用提夸张如秦始皇造就千万兵马与己同葬。这是某一历史阶段的悲哀吗？大概是整个人类的悲哀吧。但聊以慰藉的是，千年以后，尘归尘，土归土，什么王侯将相，什么山野匹夫，又有何分别呢？

午饭后，我们前往绍兴平水镇兰若寺工地进行实地考古体验。看到出土文物的分类整理，不由感叹考古工作人员的辛苦与坚持。拿到手铲亲自动手，不一会便手酸脚麻，即使是阴天都是满头大汗，更加感叹考古工作者的艰苦。低头看鞋，其早已面目全非：这儿粘一块泥，那儿粘一块泥。胳膊上被咬的蚊子包也开始作痒。更让人无奈的是，根本看不出自己刮的土色。不由长叹，考古之事，对于初入小儿，实是任重而道远。

雨中逢花

郭子维（湖南省桃源县第一中学）

今天一直在下雨，虽然不大，但连绵不绝，颇为恼人。

尽管昨天听了良渚文明讲座，但也只在脑中形成一个抽象的概念，还是只有亲身前往古城，才能感受到古城的庞大以及古人抗击自然灾害的魄力。地处湿地，则垒土为台；河网密布，则引河为道。最让我感到惊奇的是水坝的修建。他们是五千年前的新石器时代居民，但草裹泥筑坝的工艺，却与如今的防洪沙袋同为一个构造原理，不得不感叹良渚先民高超的技艺和无与伦比的智慧。

自己看古城，观察细节，提出问题，才能真切地了解到古城的方方面面。在不断进行提问的过程中，不仅收获了关于古城的认知，也了解到了田野考古具体操作的一些皮毛。而在莫角山上参观时，对于四周长得都差不多的土丘（山）傻傻分不清，我也深刻地意识到，作为田野考古工作者，对方向的把握以及周围事物细节的观察是极其重要的，尤其是当遗址外观相似时，想要辨别遗址名称的时候。

下午的博物院和大坝实地参观中，我印象最深刻的是在那么久远的时期，2万人口就可以有如此巨大的创造力。但很可惜，这样一个文明却没有传承下来，毫无征兆地突然衰退。历史总是喜欢"开玩笑"，但考古的意义也许就是从中发掘探究出严肃的事实，还原历史的真实样貌。

今天的实地参观，的确是对昨天理论学习的补充。而跟着老师的解释，对古代情况进行逻辑推理，也是一个有趣而充满艺术感的过程。对同一类古物不断演化、复杂化的过程进行分析，从而知晓人们物质生活和思想观念的不断变化，这个"一叶知秋"的过程仿佛能够瞥见人类社会的渐进过程，这也未尝不是一种有趣的推理"游戏"。

生如蚁而美如神

戴思佳（江苏省泰兴中学）

人是百年一过客，吾当十日九挥毫。不经意间抬头，却被匾额上的题诗灼伤了眼。人非元气，安能与之徘徊？想至此，我不禁又黯然了。

大概就是这样，面对此般世界的宏大与自我的局限，谁不会痛苦徘徊呢？所以良渚先民以玉为载体，刻上他们的信仰，祈祷权力与神权，祈求永远。玉琮、玉钺、玉璧，分出阶级，分出品类，刻上鸟兽图纹，是他们想象中的太阳神。鸟兽图纹，是自然，而图腾上人凌驾的姿态，则是他们渴望征服的内心诉求。或许是意识到了渺小，便汲汲于以一种宗教信仰方式获得精神上的认同。或许在当时的生产力条件下，我们无法征服；但在精神的层面上，却是创造了一种超越物质自然的美，一种原始的醇厚。质朴又瑰丽，说它古老朴素却更奇诡灿烂。

凝视着放大的图腾、精美的玉琮，我似乎有点能明白狰狞得有点可爱的神兽，体会到良渚先民设计图腾时的心境。我面对千年前的古老神话，几乎是热泪盈眶。这似乎不是新的相遇，这是场遥远的重逢。是啊，这个世界太大，我脚下的陆地绵延一亿多公顷，脚下的海有三亿多平方千米。但这里的一切都有始有终，能容纳所有的不期而遇与久别重逢。

如果真有转世一说，那我一定是在此刻遇见了前世的风景。又或许我只是迷途了太久的孩子，突然回了家而已。

我庆幸我在这儿遇到了考古，遇到了千百年前与我同样渺小的良渚先民。是相遇，却更像重逢。生而如蚁又怎样？我的黯然也未免太无足轻重了些。顾城说，人可生如蚁而美如神。那不如与上苍一争高下吧，也无所谓结果，也无所谓后来。雪泥鸿爪，良渚人不也终究是留下了些印记吗？他们到底还是实现了图腾上的愿景。

可他们不也正是如今的我们吗？

而我们，是不是也该拾起千年前的玉琮，再好好地听一听远古的呢喃，那些对身份的彷徨，考古以察今。

良玉犹见烟渚中

师祖艺（陕西省西安高新第一中学）

正值杭州烟雨蒙蒙的时节。一样的天空，一样雾蒙蒙的远山、树林，让人恍然觉得自己就站在五千年前的土地上。

考古人曾讲，考古最难的部分在于复原古代社会的面貌。站在一片不复从前的古城遗址中，其实很难想象很久以前先民生活的模样，但幸甚至哉，我们有文物可供参考——良渚文明的画卷就此铺开。

良渚文化何以称为"成熟"的史前文明？

有人将良渚古城所辐射的太湖及钱塘江流域称为"神王之国"不无道理——这个国家，称得上"强大"。

莫角山在古城中心高高伫立，彰显着王一览"天下"的权威。宫殿不再，王坛犹存；臣民已逝，礼器流传。王生时具有号令百工万民开展大型水利和土木工程的权力，死后又以象征"君权神授"和神权王权并存的玉钺王和玉琮王为陪葬。史前文明或许称不上"中央集权"，但已有雏形。

城内人口众多却没有耕地，非但不是拮据贫困的表现，反倒是社会分工已经相当成熟、农业生产供应游刃有余的结果。石犁工具、禾晾方法从小切面展现了"稻作文明"的蓬勃生机，家猪蓄养、竹料编织、实用与审美兼具的陶器也为其增色。借助气候、水文条件的便利，良渚人繁荣的经济生活成为其社会等级制度、独特的玉文化生成的肥沃土壤。

玉器是良渚文化的灵魂。良渚之"信仰"，很大程度上依托玉而构建。玉钺、玉琮、玉璧，辨玉、治玉、镶玉，人们像尊敬王与神一样尊敬玉，悉心打磨雕刻，终成世间珍宝。

此外，样式独特的神人兽面纹也自有深意。如果参考诸多古文明中常见的图画符号，神人兽面纹的含义基本也不出太阳神、威武、权力等的范畴。但它又是良渚文化的特殊印记——也许是整个国家最有号召力的一面旗帜、所有祭祀中首要的膜拜对象、人们心中时刻祷告的神祇。

当今的我们绝大多数是摆脱宗教的现代公民，也是衣食无忧、精神世界多元的当代人，自然无法深入体会先民们对神的深深崇拜和痴迷。但正如我们不能否认宇宙可能存在的其他生存轨迹，我们也不能否认先民对自然和人类关系初有认识的思维、已知与未知交错碰撞的火花。

我甚至在想，剥去了一层层人类社会架构的外衣，那个时代人们的精神是否更接近生命的原始状态一些？人们的心灵是否更纯粹和本真一些？谁看到的世界更接近真实的世界，还是世界本无真假、仅有不同？

……

可以思考的问题太多了。

缺憾是生命的常态，也是历史的必然。拥有的资料越多，才发现自己懂得越少。

回顾良渚古城遗址，五千年沧海桑田、世事变迁，尽在不言中。

我仍愿意站在这里，听一听流了五千年的河水的声音，"任思绪在晚风中飞扬"，去想象那个遥远的年代，那些人，和发生的太多故事。

最忆是良渚

杨致简（浙江省天台中学）

一

人言杭州之灵秀，是西湖波痕涤荡的两宋遗韵，而杭州之厚重，则是藏匿于良渚玉器身后的文明之光。

恰似粒石入水。良渚，倘放入中华文明之海，虽不可言其大，亦可激起层层涟漪，卓然于后世。

江浙区的新石器时代文化，七千年前，在太湖的怀抱里悠悠醒来，千里沃野，生生不息，随风生长。天目山脉，河流蜿蜒而出，肆意地穿行在余杭的丘陵之中，滋养着良渚的先人。临水城墙，拂面烟雨，青烟泛起在微波上。泛舟，放眼望去尽是葱翠的稻田。池中寺的粮仓满了又满，空气中都是稻芽、青草、泥土的清香，混杂着耕作的吆喝阵阵，嗓音沙哑而坚实。沿溪的房屋鳞次栉比，远望就是莫角山，隐在四周的连绵青嶂里。白鹭一啼，又在空中转了个大弯。

二

文明之光，曾经照亮先民朴质而憨厚的面容，也照亮了几代探寻者的朝圣之路。

与先民神交，不亦乐乎？从施昕更的发掘，到夏鼐的命名，到城墙的发掘。历经千年，良渚仍能散发熠熠光辉，引无数前辈前赴后继。纵使条件艰苦，也能将青春热血无悔地挥洒在这片土地上。他们心存思古之幽情，但更多的，则是对家国文明的守望与担当。莫角山、反山、瑶山、老虎岭、池中寺、福泉山……一代代考古人，执手铲指点云山万里，拨浮土遨游史海千年。一点一滴，一分一秒，不仅仅是玉魂国魄的雄奇魁伟、草裹泥技术的独特创新，更是钩沉史海的欣喜、探秘古城的惊喜、传播文明的欢喜。噫，此中无限兴，考古可醉人也。

三

时值初夏，我跟随师长的脚步，踏入这片江南原野，品咂那些鲜为人知的往事。良博中的琼钺璧璜、原始文字、炭化稻谷的背后，是先民朴质而浪漫、进取而包容的情怀襟抱。良渚考古人在风雨中的悉心解读，更是对这片土地的真情流露。看似信手拈来的语句，实则蕴含着无限兴味。而初探考古世界的我们，一任思绪神游于千古，纵横于八荒，乐而忘返。

我们，身处全新的时代，面对前辈的足迹，应回首，应展望，更应传承、开拓、创新。把握当下，不负年少。

前尘似海，古城依旧，且执手铲一柄，上下求索之。

七天之游，梦萦良渚

郭子维（湖南省桃源县第一中学）

当施昕更拾起陶片，沉睡了千年的良渚准备重回这个世界；历经几代人的心血投入，神秘良渚始被揭开面纱；当良渚成为世界认可的遗产，它开始向世界讲述中华五千年前的瑰丽故事。

一、良渚古城，举世无双

在杭州参观的古迹中，良渚古城带来的震撼无疑是最大的，五千年前的痕迹虽然在岁月的流逝中被逐渐抹平，但它所蕴含的历史意义却越积越深。驻足古城墙，感受到的是古人对安定的向往；仰视神像，感受到的是古人对自然和神的敬畏；遥望水坝，体会到的是古人与自然抗争的坚定；踏上莫角山，迎着呼啸而来的山风，真切地感受到了五千年前良渚王居高临下的气势和良渚文明盛极一时的恢宏气势。一琮一钺，再也看不见古人的雄姿英发，却看得到良渚穿越千年的技艺；一土一石，再也看不到古人劳作的姿态，却体会到他们勇于与自然抗争的气魄。

听着教授对良渚生产力和社会结构的分析，我越发感到震惊：在沼泽中建起的高台，盘绕古城的石基城墙，3 倍于西湖的水库，繁复精致的神像刻纹，这都让我怀疑这是否真是五千年前的产物。越是年代久远的文明，我们对它的概念越加模糊，事实与印象的冲突也就越大。我们对古代的印象多为"低下的生产力"，年代越是久远，印象越牢固，但良渚人所呈现的劳作水平和建筑规模，却又和内心对旧有的预期概念产生了冲突，而这种强烈的冲突却是令人着迷和浮想联翩的。这种冲突，让我更加感叹良渚人的智慧与坚定，也不断刷新着我对古代文明以及人类社会进程的认识和理解。

良渚作为中华上下五千年文明的实证，我们从中得到的，不仅仅是满地的石块或者令人称赞的古器物，也不仅仅是民族自豪感，还有当今社会缺少的对历史和古人的敬畏。

二、一叶知秋，鉴古知今

一块毫不起眼的古城稻田，可诉说五千年前在此地生活的人和社会风貌；几条玉器上的划痕，能吐露良渚人耗费一生的雕琢工艺；一座古城，可以向世界证明中华五千年的传承。

来良渚学习前，我对良渚的了解仅仅是"它证明了中华五千年文明的存在"，却无法想象一堆碎石黄土可以看出何物。但有考古这一工具在手，整个良渚开始变得清晰，一草一木都在诉说自己的前世今生：看似笔架的三叉形器，却是贵族们插于脑后的装饰；原以为女性所用的冠状器（玉梳背），实为男女均有的陪葬品；估计作为地域证明的神像，实为良渚作为神权政治的有力证据。而良渚本身则更是证明了长江流域也可为文明的起源地，让向来专注中原的文化史观开始向江南投来目光。

若不是一叶知秋的考古，我们又会错过多少有趣的故事，又会有多少似是而非的结论。若良渚的美感在于那黄土中的残存，那么考古的美和趣则在于从那些残存中寻找蛛丝马迹、抽丝剥茧，慢慢地将一块块破碎的信息拼凑成一个完整的故事或是一幅叹为观止的图卷，将随时间逝去的社会图景复现在众人眼前。

良渚留下的绝不只是博物馆中的古器物，还有我们对自身产生思考的契机。良渚盛极一时，却突然陨落，而我们在叹惋之余，是否能从中窥察到人类本身的行为特性，又能否在简单的社会框架下得出文明兴衰的基本模型？这些同样是考古独具的魅力，也同样是考古存在的意义。

"考古无限兴"，考古带来的不仅仅是文物本身，还有我们对往昔的认识、对现在的反省和对未来的想象，同时也会激起我们对自身存在的思考，以及对总是在自我循环的人类社会的思考。不断探索的过程中，不但有收获知识的喜悦，也有挑战未知的激动。

　　了解过去总归是为了更好地前行，良渚的发现也是我们在追寻自己的本源、明了自身归宿之路上的里程碑之一，而我们脚下的土地还会带给我们怎样的惊喜，则需静候考古给我们带来的答案。

仰望星空　与古同行——闭营仪式发言稿

孙紫瑜（北京市广渠门中学）

老师们、同学们，大家好！我是来自北京市东城区广渠门中学的孙紫瑜，很荣幸能在这个特殊的晚上，给大家讲一讲这几天我的心里话。

时光荏苒，七天的时光在不知不觉间已从指缝溜走。记得七天之前，我们从天南海北齐聚到这里，谈吐间，我们听到了塞北的雪、江南的雨、大漠的风，对一切的一切充满着好奇。这七天里，我们各自留下了晶莹的汗珠和银铃般的笑，还有最宝贵的回忆。这七天里，我们揭开了考古学神秘的面纱，脚踏江南那埋藏了无数灿烂辉煌的红土，仰望历史的星空。大概，五千年前的良渚先民，也是这样仰望星空的吧？

现在，我们看到的星星的光芒，来自他们的时代，而他们眼中的星空，和他们凝望星空所编织的美丽的梦，一起幻化成了玉粒，嵌进了朱红色的漆器，穿越五千年，向我们讲述着五千年前良渚的传奇。

玉乃石之君子，时间之精华。良渚人琢玉为钺，象征君权；镌神于玉，以为信仰。一刻一画皆有学问，亦神亦人，虔诚向往，让我们仿佛听到了先民们的悠长天问。玉上细如发丝的刻痕，是良渚匠人精益求精的工匠精神。当刻痕汇聚成画幅，是良渚人虔诚的信仰和朴实的思绪。心怀简朴，是最原初的美好，当这样的美好由心底外化到现实，亦可以成就辉煌。辉煌刻在玉上，寄托着不忘初心的良渚精神，深深浅浅地埋在江浙湿润的红土里，以其光洁的表面和柔和的反光，化为文化的灵气，温润着中华大地，成为五千年传承的文化基因。沧海桑田，到了如今，这样的基因仍深藏于我们的骨髓里，影响着一代代人。当我们拿起手铲，在红土上俯下身去，或许几分钟或许几小时抑或半日整日，或许手铲即将帮助一件传世珍奇重见天日，抑或手铲之下只是无尽红土，但我们仍得认真地对待每一片土地、每一块砖石、每一方碎陶，这不是为了财富，不是为了鲜花红地毯，而只是为了心中对考古最原初的热爱。手执手铲，不是为了生存，而是为了心之所向而笃定前行。这样，难道不是对良渚先民"择一事，钟一生"的传承吗？

伫立莫角山顶，或许你的脚印与五千年前的良渚王的脚印重合；眺望良渚的城墙，或许有某个划着小竹筏，准备由水门出良渚城的良渚人，也曾这样望着他们的城墙；凝视玉色的青瓷，或许千年前的某个文人也正如此端详着书案上的这些艺术品；细看灯光下的古琴，或许你注视的琴的背后，也有一段高山流水般的友谊；赞叹越王剑的金辉，或许两千年前的某个越王也同样迷醉于它的光芒；西湖边，你听到的雨落之声，或许也是西施范蠡所共赏的雨声……我们并不能全景再现千百年前的历史，但古与今、我们与历史并不是割裂的，考古和历史思维，正是沟通古今，甚至现在与将来的桥梁。在这里，我们站在琼楼之上，身处与历史的星空最近的地方，举起手铲，就可以收获一片闪亮的星芒……

记得开营仪式的时候，发言的同学表达了三点祝福，我相信这些美丽的愿望都已由幻想变为了现实。在结营仪式上，我也对大家表达三点祝福：第一，大家即将各奔东西，祝大家可以把这七天的美好珍藏在记忆最深处，抵住时间的消磨；第二，这七天，我们都受益匪浅，通过亲身体验，收获了许多学校课本上学不到的知识，祝大家可以坚持考古的实践精神，学以致用，在大家所热爱的考古的道路上越行越远，找到属于自己的"诗和远方"；第三，孔子有云："鉴往事而知来者。"这七天大家不仅学到了考古学的专业知识，更应体会到了古与今的紧密联系。祝大家可以通过对古人古事的研究和思考，变得更睿智、更通达。

谢谢大家！

考古印记

胡语芯（北京市朝阳外国语学校）

不知不觉，距考古夏令营回来已经快有一周的时间。日子像流水般匆匆过去，在每天的重复中，我不由自主地怀念这八天的考古之旅，重温那些一幕幕浮上心头的鲜活的画面和声音，仿佛身在杭州、心至良渚，毕生所求不过是靠那一点执着，用手铲轻轻翻开历史的记忆，与过往做一场虔诚的对话而已。

这一程在我心上烙印最深的，是感动。

考古对每个人都有着不同的意义，对于我来说，考古是躬亲寻找真实的文化苦旅。了解了考古人是如何年复一年地考察发掘、研究深入，想来这寻真的旅途是真的苦，而实在又迷于它的魅力、醉于它的兴味，竟引得代代考古人踏入一步便一去不回头。感动我的，也正是他们的坚持。名胜古迹向来活跃于大众的视野，惊世发现不过轰动一时，而日日夜夜陪伴考古人、占据他们每一寸心神的，却是众多不为人知的历史文物、浩瀚无垠的古籍书海和湮没千年的黄土尘埃。他们的旅程最近也有上下五千年，最远可至上古洪荒，至辽阔可观五洲四海，至细微需察秋毫之末。非有通天之术，并无超人之功，不过凭借这一点坚持，一步步揭开历史、走近真实。

感动我的，还有通过考古认识到的真实的历史。若问此行何处惊人至极、动人最深，那必定是良渚。良渚文明的辉煌可以用"不可思议"来形容。距今五千年前，太湖地区出现了宏大的良渚古城和大量精美的玉器、陶器等，显示出当时社会已经有贫富和阶级分化、专业性的生产部门和统一的信仰。大到耗费众多人力物力的大规模水利工程，小到一毫米内雕刻数条不重叠细线的玉器，良渚一次次让我惊叹于它的宏伟和精致，为我们的历史中曾经存在这样一个伟大的文明而心生敬意和感动。

　　江南塞北，长天无际，我们因为同一个缘由走到一处，正如与历代先辈们选择了同一条路。我们或许从未相识，或许人生迥异，但你知道自己并非一人，有人怀着同样的志向与你并肩而行。同行而同力，彼此支持发现喜悦，相互陪伴使人感动。前人已铺下基石，也必有后人接力而上。

当青春遇到良渚

汤子尧（陕西省西安市曲江第一中学）

从懵懂到知明，从杌陧到笃信，从倥侗到博古，十八年的汗水与拼搏，在心弦上拨动着思维的音符，弹奏出一曲青春梦想的乐章。在十八岁最美的年华遇见最美的你，真好。

我曾讶异于弱小的头脑中无尽的想象，当梦想成真的那一刻却又虚无缥缈，我在梦中练习了无数遍与你相拥的感动，可当接触的一瞬间都化为了虚无，当知识的圣殿遇上文明的圣殿，必然是一场星汉灿烂的奇幻旅途。

轻轻地踏上略带泥泞的红土，四周饱经沧桑的城墙渐渐高兀起来。慢慢地踱步在古老遗迹的身旁，那段尘封了千年的故事，仿佛从来没有中断过，我看到琮王傲然立于莫角王宫的高台，碧玉的权杖挥舞指点着万千江山，我看到钺王昂首踱于老虎岭高坝的顶上，锥玉的发冠冲天彰显着至上王权。五千年前的越地先祖，用他们的青春和汗水，守护着良渚的一方安宁。五千年后的我们，怀着那一份爱与虔诚，让这一段历史重新浮出水面。

当青春遇到青春，考古学家凭着一双双年轻的手，发掘着记忆最深处的根，这个根，就是良渚。当青春遇到良渚，我们来自华夏四方的少年，追寻着梦想最远方的魂，那个魂，叫中华。良渚，实证中华五千多年文明史的圣地。在这里，寻根，问魂。五千年前，这里正青春，五千年后，这里依旧青春。

籁籁的小雨总是不经意带来一股淡淡的神秘感，伴着那灰的砖、绿的草、黄的屋，在朦胧的雾气中，悄悄浸入我们心中。不由得停下脚步，耳机里重复着一遍又一遍的讲解，忍不住信手涂鸦。再抬头，雾气散了，我站在莫角王宫的高台，蓦地，满眼都是良渚了。

　　历史不会衰老，它只是从一种青春过渡到另一种青春。良渚再一次青春，是在世界文化遗产名录上。曾雄踞一时的中华古文明，曾拥有高超技艺的玉器文明，在一本集汇着文化精粹的名册中，拥抱青春的世界。千百年前，中国古文明曾与世界并肩年少，而今，文明之魂是永恒的青春。

　　良渚留给我们的远不止回忆，还有信仰。每一个先人的信仰，每一个华夏儿女的信仰。在历史面前，我们永远是少年，中华文明的历史永远正青春。

　　在青春的年华遇见青春的你，幸哉。

生如芥子有须弥，心似微尘藏大千

欧阳宇泊（华中师范大学第一附属中学）

一、观

我是何等幸运，能够在良渚古城遗址"申遗"成功后的第一时间走近它，去体会历史的厚重与宽宏，去感受先民的智慧与荣光。

参观良渚古城遗址的那天风斜雨横。淋在细雨中，眼前是长天雾霭与无际碧草相接；踏在黄土上，脚下是几千年文明的脉搏在隐隐腾动。

"地上土丘一片，地下气象万千。"当我与良渚古城的一沙一砾如此接近时，我才真正感受到什么叫"于时间的无涯的荒野里，没有早一步，也没有晚一步，刚巧赶上了"，遇见了我所要遇见的。如此宏伟、如此壮观，使我不由思绪万千，敬重与向往交织，肃然与期待相融。

在古城中兜转来回，恍如在岁月的长河里游弋。无边田垄间，前人气息缕缕不绝；层峦土坡上，华夏文明轻流徐淌。只是信步游观，我的心中都蒸腾起一股股豪情。

仅依人力，祖先们修筑了世界上最早的拦洪水坝系统，保卫家园、繁衍生息；仅凭双手，祖先们雕刻出精度入微的玉器，细致繁密、美观巧妙。人们发明新的农具，开荒辟土；人们采取新方法烧制陶器，精良制作。我无法想象，良渚文明的农业和手工业在人类历史中会有多么光辉闪耀，而当我尝试透视它们，我惊异于，这后面所隐秘的精神世界足以让人叹为观止。社会阶层的分化、城市的规划、礼制的产生、神权的笼罩……在质变中将文明之轴又向前延长若干年。我想，如果说物质文明是流浪的星球，那么精神精粹就是包裹它们的深邃，二者相互交融，铺展开中华文明浩渺的银河。

苏秉琦早在80年代就提出了中华文明起源"满天星斗说"。良渚凭借其发达的文明,一手托起了中华文明的曙光,无疑成为极其璀璨的一颗星。

"良渚是实证中华五千多年文明史的圣地。"我相信,良渚文化必将如同滔天巨流,裹挟着中华民族的血液,滋润和浇灌着我们的文化自信。

二、感

食指在《相信未来》中写道:"我之所以坚定地相信未来,是我相信未来人们的眼睛——她有拨开历史风尘的睫毛,她有看透岁月篇章的瞳孔。"

考古人就是这样。风雨兼程,来来往往,在岁月的海中打捞走丢的日月,在历史的河里找寻失落的星辰。这些人透过几百年、几千年时间看到的,有纵横捭阖、会盟火并,也有小桥流水、烟火人家;有北国飞雪和南国花开,也有大漠孤烟和娇山弱水。漂泊千垠,踏遍万里,他们存天地于心中、揽浩然于胸怀,他们带着最赤诚的情怀,无言守护着平凡与不平凡。

考古人最让我感动的，或许就是心中的那"衣带渐宽终不悔"的坚执。他们寻根，寻找民族和文化的根，他们求真，探求历史的真。他们，承接着历史；他们，也指向了未来。

有人说，作为考古工作者，会经常感到自己的渺小。因为他们所接触到的，总是历史长河中的一个局部，一个时段。可是，佛语有言，"生如芥子有须弥，心似微尘藏大千"，微小如芥子，也能容纳浩大的须弥山。正是这一砖一瓦、一笔一画，使我们成为我们，使中国成为中国。

从前我不懂，也不了解，考古究竟是怎样的存在。短短七天过去，我不敢说我知道了多少，可我已经渴望投身其中了。

最后我想说的是，遇见良渚，遇见北京大学，遇见这么多可爱且优秀的人，是我这个夏天最大的幸福。

忆夫差
——西湖博物馆观吴王夫差鉴后作

董高睿（山西省晋城市第一中学校）

西湖湖畔的雨细密连绵，

冰冷寂寞地拍打着街沿。

瞥到灯光下的吴王铜鉴，

我想知道在千百年以前，

夫差，你是不是也在看着这样的雨天？

越是你的杀父仇人，

誓要叫它俯首称臣！

夫椒一役报仇雪恨，

黄池之会中原惶震。

艾陵齐兵身首两分，

吴兵化身下凡天神。

雪肤花貌西施到，玉簪斜插朱唇翘。

西湖良景游不厌，从此君王不早朝。

勾践率军乘虚入，哀兵必胜如狼虎。

卧薪尝胆终不负，三千越甲可吞吴。

夕阳西下，晚风凌乱着你的背影。

大势已去，战火已燃遍吴国全境。

可悲可叹，吴国兴于斯亦毁于斯。

一世英名，终以自刎告天地之灵。

细雨仍在寂寞地拍打着街沿，

也打在你孤单落寞的心里面。

顾望四周我略感欣慰地发现，

至今湖畔仍散落着你的诗篇。

青春大概如你所说

王唯煊（陕西省西安市铁一中学）

距离考古夏令营结束已经接近一周了，当我背上书包回到熟悉的教室，再次面对书桌上摞起的高高的书本和试卷，竟有一种梦醒后的恍惚之感。过去的七天于我而言，正如一场如痴如醉的梦，关于真挚的情谊，关于迷人的考古，关于美丽的燕园……七天中的点点滴滴，汇成了我十七岁盛夏最珍贵的记忆。

十七岁的盛夏，遇见你们

我曾经以为七天的时间很短，甚至不足以让我们熟悉，可我们却用七天的时间，讲述了一个关于青春最美的故事。

　　"我们来自五湖四海，我们走向江南塞北"，因为对考古的热爱，因为对理想的追求，我们相遇于西子湖畔，共同开启这场考古的盛宴。在七月的余杭，我们并肩同行，我们打打闹闹，我们互相嫌弃，我们有说有笑。当我对主持人选拔紧张万分时，是我的室友帮我整理了裙子上的蝴蝶结，为我加油打气；当我对小组的小品剧本毫无头绪的时候，是组员们群策群力，商讨方案；当我在博物院听讲解忘记记笔记的时候，是同行的伙伴为我发来了自己的摘记……是你们让我知道，什么是发自内心的真诚与善良；是你们让我见识，什么是真正的智慧与博学；是你们让我铭记，什么是友情最美丽的模样。我突然明白，原来真的有一种相遇叫一见如故，原来真的有那样一群人上知天文下知地理，能聊学术能侃八卦——感谢2019年的夏天遇见了你们，那么好的你们。

　　分开的那一晚我以为大家会哭，可我们还是给了彼此最温暖的微笑，正如我们第一次相遇时那样；我以为我们会以"拜拜"作为最后的告别，可千言万语最终只化作一句"明年见"，成为十二组最美丽的约定。

我们约定，明年再聚燕园。愿你我仍是翩翩少年，明朗可爱，意气风发。

多幸运，我与你们相遇在这里。

十七岁的盛夏，遇见考古

在来到北京大学考古营之前，考古与我而言一直可望而不可即，我只是一个对历史怀有热爱、对古代文明怀有好奇、对文物背后的故事怀有想象的人，仰望着考古，就像仰望着头顶深不可测的浩瀚星空。而这七天的经历，大大拉近了我与考古的距离。

在这里，我有机会与考古系教授面对面交流，在先生的讲述中我终于明白考古并不遥远，相反，它就在我的身边。一切的现在，都是历史的产物，而考古人的职责，就在于用手中的手铲揭开一个个谜团，讲述历史的故事。我有机会亲自进入考古重地，拿起手铲，为战国的大墓刮去砖石上的泥土，体会考古的不易与那份只有亲历才能感受到的无穷魅力；我有机会结识良渚考古相关工作人员，在他们的身上我看到了一种对考古的执着、对历史的敬重、对中华文明保护与传承的责任感……我不再只是惊叹于文物的保存之完整，而是知晓了其背后付出的汗水与智慧；我不再只是感慨人类文明的漫长，而是理解了其如何环环相扣，汇成了生生不息的文明长河；我不再只是看到良渚古城遗址"申遗"成功表面的光鲜，而是感受到了其从发现到研究的漫长与艰辛；我不再只是仰望考古，怀揣一颗热爱与好奇之心，而是在心中埋下了梦想的种子，渴望在未来的某一天能成为一名考古工作者，讲述文化的故事。

仍记得结业晚会那晚的"考古版"《追光者》：我如今感受那田野广阔，广阔等待我探索，就算将每寸山川踏过，坎坷之中足迹生出火花。现在，这亦是我的心语：我愿意投身在这里，追寻梦想到底不放弃。

多幸运，我与考古相遇在这里。

十七岁的盛夏，遇见北京大学

难以忘记的是孙庆伟院长在第一天的讲座中所说："一所伟大的大学是在一个伟大的国家、伟大的时代发展起来的。"北京大学，正是这样一所大学。

在考古夏令营中我结识了多位北京大学的老师和学长学姐：总领队韦正教授学识渊博又待人亲切，耐心解答了我许多近乎幼稚的疑问并给我们补充了许多关于考古的知识；领队徐博幽默风趣又精通学术，七天时光里一直默默为我们保驾护航；阮学姐细心温柔，帮我解决了许多自身的小问题；钟学长活泼可爱，给我们的考古之旅带来了许多欢笑；徐学姐每天编辑推送，给我们的考古之旅留下珍贵的记录……在他们的身上我感受到了一种"北大人"的气质，一种温文尔雅，一种平易近人，一种对知识的谦逊，一种对家国的责任。这次相遇无疑使我更好地了解了北京大学，并渴望自己也能"成为以天下为己任，具有饱满人格的人；成为一个有能力独立思考，具有创新精神的人；成为一个兼具实践能力与全球视野的卓越人才"——这是我的梦，未名湖畔的梦。

愿自己能够时常铭记这份感动，如学姐的赠言所说：永远心怀更大的世界，满怀热情地寻找生命的意义。

多幸运，我与北京大学相遇在这里。

昨晚和一位组员聊天，他说："才分开五天啊，但老实说，我真的很想你们。"今晚我听着《青春大概》，再次提笔书写着那七天的故事，一切仿佛发生在昨日，无论是杭州的细雨，还是青春年少的你们。每每提及，仍旧嘴角上扬、热泪盈眶。"青春大概如你所说，在遗忘中不舍，醉醒交错；在花落时结果，期望很多……青春大概都这样过。"我们的故事没有结局，感谢在十七岁的夏天遇见你们，遇见考古，遇见北京大学。这份相遇已然成为我夜空中最亮的那颗星，让我坚信勇敢走下去，会走出更好的自己。

我们，来日方长。

旅　　程

李豫苏（江苏省徐州市第一中学）

回想暑期课堂，人与景都在眼前飞速而过，我依然记得刚到杭州的午日，阳光不烈，正是漫天的柔云，恰逢其时，开启一段与考古、与良渚结缘的旅程。

初　见

这是我与来自天南海北的你们的初见，与良渚的初见，与考古的初见。最初的最初，或许带了点小小的紧张，又或许是刚接到通知的激动还未褪去，在接站老师的笑容、韦老师的关心中，我的心归于平静，满怀期待。

方老师的讲解，是初识，是对于良渚文化的初识，也是对于考古的初识。我看到了这个区域性早期国家的繁盛，也看到了"藏礼于玉"的秩序井然。但是，在那莫角山的高地之上，留下的不仅仅是良渚王崇高神圣的威严，更多的是一位又一位的考古工作者的认真负责的职业精神与担当。在一个个墓坑中，一件件国宝级的文物经过他们双手的传递得见天日。专注炽热的目光，是他们对于这份工作的热爱。

考古吗？手铲释天书，考古以鉴今。

再　探

真正地踏上良渚先民们生活过的土地，方才懂得了博大，也才明白了这一声"世界遗产"的名副其实。

虽是雨天，却没人在乎那泥泞黄土沾染衣物。南城墙处，惊叹于工程的浩大，藏于心底的疑问也被一一解答。回首望去，是水城门的遗址。一叶小舟，一人，一石，多少个来去轮回，这片土地又埋藏过多少的汗水，才使这宽达百米的四方城墙相合。我侧过身去，问一旁友人，这当下的溪流水道，又是否是彼时的通行之处？未得结果。想起东坡先生给出过答案：
"盖将自其变者而观之，则天地曾不能以一瞬；自其
不变者而观之，则物与我皆无尽也，而又何羡乎？"

你见过玉琮的神徽吗？毫厘之间细纹清晰可见。
你是否了解它的制作？古人云："只要功夫深，铁杵
磨成针。"一件玉琮，也许是数年的光阴一点一点地
琢磨出来的。反山墓葬，埋葬的不仅仅是那一时期的
王族，还有良渚先民对信仰的崇拜和王权的尊崇。

我无意去质疑这一远超彼时他处文明的良渚为何
荣光不再、一时无声，徒留旧物诉说着旧时的岁月痕
迹。我也曾惊叹于辽阔的土地上高度统一的信仰，依
靠自然而建的水利系统上草包泥的印记依旧清晰可
见。但我知晓，良渚的诸多未解之谜值得探寻。

曲　终

那趟西湖风景。

那日风光，偏是山色空蒙雨亦奇。打开相机，一
张全景，更是一幅水墨长卷。唯那长卷一隅的荷花，

一抹颜色，生动了整个盛夏。江南忆，最忆是杭州。可何日更重游？

离开书斋，去行了些许的路，看了些许的书，却更知自身浅薄，来日方长。绝知此事躬行，是大地田野，也是国际风云变幻。

我们都默默许下心愿，待来年，燕园见。

曲终人离散，江上数峰青。

后　记

　　2010 年以来，"北京大学全国中学生考古夏令营"（2016 年更名为"北京大学全国中学生考古暑期课堂"）在浙江连续举办了 10 届，前后约有 2000 名来自全国各地的优秀中学生参加。考古夏令营得到了浙江省文物局、浙江省文物考古研究所和众多浙江省的文博单位的大力支持。作为开营仪式举办地，杭州良渚遗址管理区管理委员会更是在人力、财力、物力上给予了充分保障，确保了每届夏令营活动的顺利开展。10 届的考古夏令营，不仅让许多中学生对考古这门科学有了初步了解，也很好地宣传传播了良渚文化、浙江文化，还是开展公众考古工作的有益探索。

　　2019 年 7 月 6 日，良渚古城遗址成功列入《世界遗产名录》，两天后，"北京大学 2019 年全国中学生考古暑期课堂"在良渚博物院正式开班。在为期一周的暑期课堂，同学们跟随考古学家一起参观博物馆、踏查遗址、体验考古发掘，留下了十分有趣的文字、图像记录，包括随笔（日记）、散文、诗歌、图说（图示）及交流发言稿等。这本小书即是从中选取的内容。

在编辑本书过程中，北京大学考古文博学院施文博承担了同学们的联络和组稿工作，在此表示诚挚感谢！良渚博物院罗晓群、贾艳负责完成了文稿修改、体例架构、编辑排版等工作。时隔几年，我们重新梳理这些文字、图画，在赞叹 17 岁少年丰富知识积累和生动细腻笔触的同时，也依然感动于他们那求真向上的追求精神和对生活的热爱。

梁启超先生有云："鹰隼试翼，风尘翕张。奇花初胎，矞矞皇皇。"以此寄语 2010—2019 年参加北京大学全国中学生考古夏令营（暑期课堂）的优秀学子们。

编　者

2024 年 5 月

图书在版编目（CIP）数据

试翼集：少年说良渚 / 良渚博物院（良渚研究院）
编著. — 杭州：浙江人民出版社，2024.6
　　ISBN 978-7-213-11454-0

　　Ⅰ. ①试… Ⅱ. ①良… Ⅲ. ①良渚文化 — 古城遗址（
考古）— 文集 Ⅳ. ①K878.3-53

　　中国国家版本馆CIP数据核字(2024)第079482号

试翼集：少年说良渚

SHIYI JI: SHAONIAN SHUO LIANGZHU

良渚博物院（良渚研究院）　编著

出版发行　浙江人民出版社（杭州市环城北路177号　邮编　310006）
　　　　　市场部电话：(0571) 85061682　85176516
责任编辑　陈　源
责任校对　陈　春
责任印务　幸天骄
封面设计　厉　琳
封面题字　徐天进
电脑制版　浙江新华图文制作有限公司
印　　刷　杭州广育多莉印刷有限公司
开　　本　787毫米×1092毫米　1/32　印　张：8.25
字　　数　108千字　　　　　　　　插　页：6
版　　次　2024年6月第1版　　　印　次：2024年6月第1次印刷
书　　号　ISBN 978-7-213-11454-0
定　　价　28.00元

如发现印装质量问题，影响阅读，请与市场部联系调换。